コーチング選書

coach

コーチングマニュアル

Coaching Handbook

S.ソープ＆J.クリフォード著
コーチ・トゥエンティワン監修
桜田直美訳

Discover

コーチング選書について　監修者より

この「コーチング選書」は、わが国唯一のコーチング専門会社コーチ・トゥエンティワンおよびコーチ・エィが、主として海外のコーチングに関する良書を厳選して紹介するシリーズである。

両社がコーチングを初めて日本に導入したのは一九九七年。以来わずか七年間で、コーチングは非常に有効なマネジメント・スキルとしてビジネス界に定着するに至った。現在、各企業において多くの経営者・管理職の人々がコーチングを学んでいる。

コーチング学習人口が増えるにつれ、関連書籍も続々と出版されている。しかし、残念ながらわれわれの目から見てすべてを推薦できるとは言い難い。真剣に学習する人々の手に、コーチングに関して本当に信頼できる書籍を届けたいとわれわれは考えてきた。

加えて、コーチングは創始されてまだ二十年経たない若い手法であり、世界各地で日進月歩の

勢いで研究開発が続けられている。そこから生まれる最新の、そしてもちろん有効なスキルや知識を、できるだけ早く日本のコーチング学習者に伝えたいという思いもあり、われわれは本シリーズの発刊を決めたのである。

本シリーズには、さまざまな角度からコーチングにアプローチする書籍を収めていく予定である。いずれも、現時点において最も信頼するに足る書籍であると保証できる。最高のコーチを目指す読者の皆様のために役立つことを願ってやまない。

株式会社コーチ・トゥエンティワン
株式会社コーチ・エィ

本書の執筆を支えてくれたすべての人々に感謝を
ジェフ、ジョージ、マジド、クレア、ピーターには、特別の感謝を捧げたい

はじめに

◎コーチングの実践のために

私たちは、コーチングスキルの研修の依頼や、コーチングの理論体系を説明してほしいという依頼を頻繁に受けている。企業においてコーチングは、マネジャーの大切な役割のひとつだと考えられるようになり、プロフェッショナルコーチがコーチングを行う機会もどんどん増えている。

本書を執筆するにあたり、コーチングを学ぶための材料を探すうちに、私たちはあることに気がついた。それは、コーチングについて書かれたもののほとんどは、コーチの「スキル」に焦点を当てている、ということだ。「傾聴」「質問」「要約」——これらのスキルはもちろん大切だ。しかしそこには、そのスキルを用いるということについて、どのようにコーチとクライアントが

同意したのかという、コーチングプロセスについての情報が欠けている。

同僚にコーチングを頼まれたら、どこから手をつければいいのだろう?

時間はどれくらいかければいいのだろうか?

どの段階で、どんなコーチングを行ったらよいのだろう?

コーチング実践にあたって、ぶつかるであろうこうした疑問に本書はお答えするものである。

◎本書の目指すもの

私たちはコーチングの概念や、その運用方法について、数多くの企業においてマネジャーやトレーナーと話をし、たくさんの本を読み、コーチングについて再考したところ、それぞれが、かなり異なった見解を持っているということがわかった。「コーチング」という言葉の定義は、私たちが実際に聞いただけでも、実地の訓練からパフォーマンス管理まで多岐にわたっている。

本書で私たちが用いたコーチングという言葉の定義は、以下のとおりだ。

「コーチング：ある人物が、ある特定のスキル、または知識を実地に適用するにあたってのパフォーマンスの向上、または進歩を支援するプロセス」

本書の目的は、わかりやすくて実用的なコーチングプロセスを、読者に提供することだ。本書を読むことによってコーチングの謎めいた点が解消し、読者がコーチングをいつでも活用できるようになることを願っている。

本書のゴールは、誰かのコーチとなるには何らかの「資格」が必要なのではないかという心配をすることなく、自信を持ってコーチングできるようになっていただくことだ。本書によって、コーチングのヒントやコツが必要なときに簡単に手に入るようにしたいと考えている。

本書が提供するコーチングのモデルは、私たち自身の経験をもとに改良・発展させてきたものだ。私たちは、クライアントがコーチングプログラムを導入したり、彼ら自身がコーチとなるのを手助けする機会が増えていくなかで、応用が利き、簡単に使えるコーチングのモデルを構築してきた。私たちは、コーチングをアカデミックにではなく、プラクティカルにとらえている。それが間違っているとはまったく思っていない。

◎本書の構成

本書は三つのパートに分かれている。初めから終わりまでとおして読んでもかまわないし、あ

ちこち拾い読みしてもかまわない。自分の学習スタイルに合う方法をとってもらいたい。

●**第Ⅰ部**

コーチングプロセスの実用的なモデルを紹介している。コーチングプロセスのそれぞれの段階を詳しく説明するとともに、それを実際に活用する際のコツや、各段階で必要になるスキルについて考察し、そして計画どおりに物事が運ばなかったときのための方法を提供している。

●**第Ⅱ部**

コーチングで活用するスキルについての一覧。それぞれのスキルの概念と、実行方法の詳細。

●**第Ⅲ部**

コーチングで利用したり、さまざまな応用ができるエクササイズやアクティビティの紹介。

みなさんに本書を楽しく活用してもらえることを願っている。フィードバックは大歓迎だ。読者自身のコーチングの経験などもぜひ聞かせていただきたい。

THE COACHING HANDBOOK

by Sara Thorpe & Jackie Clifford

Japanese translation published by arrangement with

Kogan Page Ltd through The English Agency(Japan)Ltd.

コーチングマニュアル
Contents

第2章

コーチングのプロセス

第3章

学習理論

II

コーチングスキル

159

III コーチングエクササイズ 205

序章

コーチングとは何か？

What is coaching?

01・コーチングの定義

◎成長支援プロセスとしてのコーチング

私たちは、コーチングを以下のように定義する。

「コーチング：ある人物が、ある特定のスキル、または知識を実地に適用するにあたってのパフォーマンスの向上、または進歩を支援するプロセス」

コーチングとは、対象となる個人を、現在の状態より成長させることだ。コーチングとは何であるかについてさらに言及する前に、「成長」という言葉の一般的な意味について考えておいたほうがいいかもしれない。

「成長」とは、個人と組織の両方にとって、生き残るために欠かせない要素だ。生物界で進化が欠かせないのと同じように、ビジネスの世界では「成長」が欠かせない。消滅すること、競争力を下げること、業績を悪化させることを目指すような、ビジネスプランを持つ企業は皆無に等しい。すべての個人が、急速に変化し、ますます複雑化している世界に適応する必要に迫られている。適応の方法が、変化の波から撤退することであっても、または新しさを歓迎することであっても。

成長の定義は、以下のとおりだ。

「成長：学習し発達する継続的なプロセス。人は成長することによって、継続的に現在の自分を超えていく」

成長とは、新しい知識やスキル、態度を獲得することだ。または、すでに持っているそれらを自分に適応させることだ。成長とは変化である。変化はすべての人に起こるが、難しくストレスのたまる状況であることに変わりはない。ときには辛く苦しいこともある。

マルロ・モーガンは、著書『永遠からのメッセージ（Message from forever）』（角川書店）の中でこう言っている。

「人生は変化だ。大きな変化もあれば、小さな変化もあるけれど、変化がなければ成長もない。そして変化も成長も、必ずしもそこに痛みや犠牲が伴うというわけではない」

コーチングは、人の成長のために活用できる道具のひとつだ。コーチングとは変化のプロセスを支えることであり、変化の衝撃を和らげ、成長のチャンスを最大限に活用する支援をするものである。

変化は円を描くプロセスだ。コーチであるなら、円の存在を自覚しておくと助けになるだろう。この円は人の変化への自然な反応を表していて、これを知っておけば、コーチングの対象となる人が変化のプロセスを通り抜けるのを助けることができる。

Figure:0.1
変化のサイクル

エリザベス・キューブラー・ロスなど多数の著作家によって提唱されている。どんな人でも、変化を受け入れ、前に進んでいくには、いくつかの段階を経る必要があると認識しておくことが大切だ。

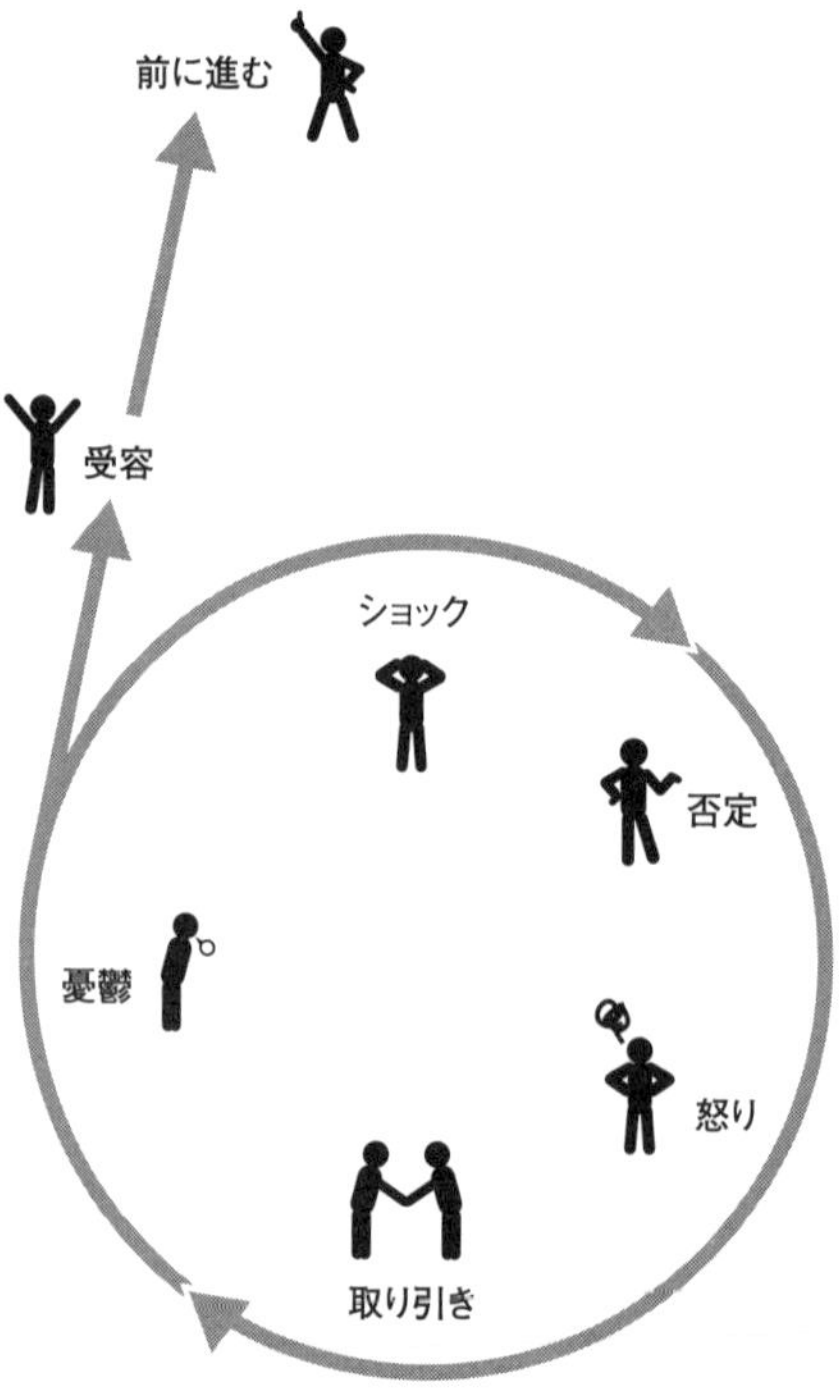
前に進む
受容
ショック
否定
憂鬱
怒り
取り引き

02

・コーチングとその他の手法の関係

◎成長ニーズ

私たちは、「成長ニーズ」を以下のように定義する。

「成長ニーズ：現在のパフォーマンスと、要求される（または望まれる）パフォーマンスとの違い」

「成長ニーズ」を見つけるには、あなたが今いる場所と、希望する到達点を、はっきりと認識する必要がある。

「成長ニーズ」は、さまざまな方法で満たすことができる。コーチングもその方法のひとつだ。

トレーニングやカウンセリングといった、他の成長支援の手法と、コーチングの間にある相関関係について、手短に述べたいと思う。

◎成長――コーチングの核となる価値観と信念

コーチングとは成長を支援することであるから、優秀なコーチとは以下の信念を持つ人であると私たちは考える。

コーチングの信念

- すべての人に成長の可能性がある。
- 人が成長できるのは、変わりたいという意志と、その準備が整ったときだけだ。
- その人の可能性についての周囲の人たちの考えが、その人の成功レベルに影響を与える。
- 可能性についてその人自身が信じていることは、その人の成功レベルを決定する。
- その人なりの成功の定義は、その人が達成することに直接影響する。
- 自分の信じていることに限界があると、それによって自分の可能性も制限される（たとえば、周りの環境や制約によって、ある種の物事が不可能だと信じているような場合）。

●人が何かを学ぶのは、そのプロセスに真の意味で関わったときだけだ。
●人はすべての行動から何かを学ぶことができる。しかし、反省と次の計画がなければ、本当に学ぶことはできない（140ページ「コルブの学習サイクル」参照）。
●人が学ぶのを支援するのに、その分野の専門家である必要はない。実際、専門家でないほうがうまくいく場合もある。物事の「一般的な正しいやり方」にこだわらずにすむからだ。
●人の成長を支援するには、自分自身も成長を続けなければならない。

◎トレーニング

成長支援の手法のなかで、コーチングとよく混同されるものがひとつある。それは、トレーニングだ。

トレーニングとは、人が新しいスキルや知識を学ぶときに用いる方法だ。トレーニングすることによって、人は必要な技能を手に入れ、それによって「意識的な無能」から「意識的な有能」へと変化する（137ページ「コンピテンス理論」参照）。トレーニングは正式な形（たとえばトレーニング・コース）でも、または非公式な形（たとえば実地での指導）でもかまわない。

トレーニング終了後に学習者が、学んだことを「トレーニングの環境」から「現実の世界」に

応用し、行動を絶え間なく変化させるようになって初めて、本当の学習が始まったことになる。

ここでコーチングの出番となる。コーチングが行われるのは、十分にスキルや知識のある人物のパフォーマンスを次のレベルへ移行させる必要がある場合だ。

この段階で、学習者は自分のことを無意識のうちに能力がないと考えていることがある。しかし、実際は仕事に必要なスキルや知識を備えていて、ただそれらを発揮していないだけだということを指摘しておいたほうがいいだろう。このような状況においては、トレーニングは必ずしも必要なく、コーチングがスキルを発揮する助けになる。

以上のような理由で、コーチングを始める前に相手について知ることがとても大切になるのだ。コーチングとは、知識があり客観的な人物の助けを借りて、ある特定の分野での自分のパフォーマンスを見直すプロセスだ。またコーチングとは、個人が自分の学んだことを職場の中で実践し、その結果自らのパフォーマンスを向上させることでもある。

コーチングとは何か新しいことを学ぶことではない。コーチングの主たる目的は、すでに存在する知識やスキルを活用することであり、態度や手法を見直すことでパフォーマンスを最大限に引き上げることだ。


多くのコーチが、コーチングとトレーニングの区別をつけるのに苦労している。ある人にとっ

Figure:0.2
成長の連続体

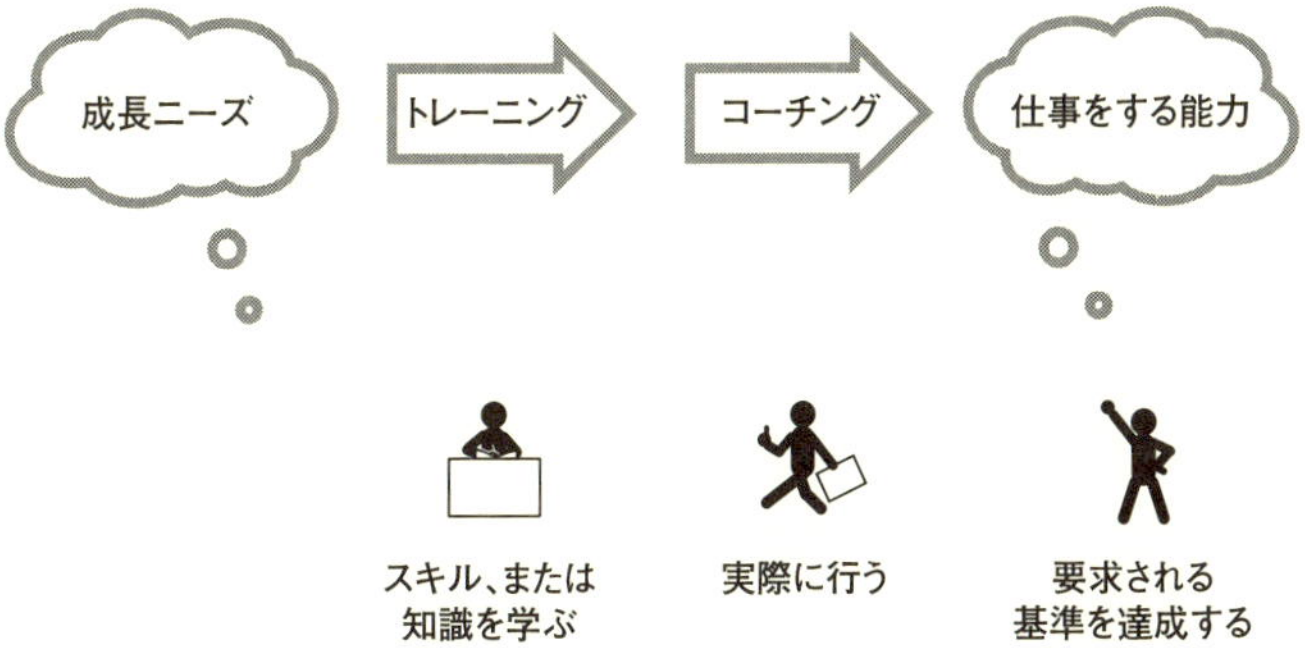
成長ニーズ
トレーニング
コーチング
仕事をする能力
スキル、または
知識を学ぶ
実際に行う
要求される
基準を達成する

ては、それはトレーニングの力を過剰評価しているからであり、また別の人にとっては、より効果的に、トレーニング・セッションにコーチングを組み込んでいるからだろう。

トレーニングとコーチングは互いに重なることもある。たとえば誰かをコーチングしたときに、その人物が必要なスキルや知識を持っていないことが明らかになった場合である。この場合、コーチングをいったんやめ、トレーニングを始めることになる。トレーニングとコーチングは、ともに成長の連続体の一部である。

別の見方をすればコーチングは、ある目的のために存在する二人の人物の関係である。その目的が達成されると、その

関係はもはや必要なくなる。その目的とは、個人を現在いる地点から、到達したい地点、または到達する必要のある地点へと移動させることだ。つまり、彼らを成長させることだ。

ではここで、コーチングと関係があり、時にコーチングと混同されることもある他の言葉についても見ていこう。

◎メンタリング

多くの企業が、コーチングとメンタリングを合わせてひとつのプロセスとしている。トレーニングと同様、メンタリングとコーチングも互いに重なる要素があるという考えに私たちは同意する。しかし本書の目的に沿うために、本書ではメンタリングの要素は除外した。私たちは、メンタリングを以下のように定義する。

「メンタリング：人生やキャリアに関する、一般的な指導、または助言」

メンタリングは幅広い分野をカバーする言葉であり、あるスキルや分野に特化したコーチング

Figure:0.3
トレーニングを伴うコーチング

ある個人が仕事のためにさまざまなスキルを向上させる。

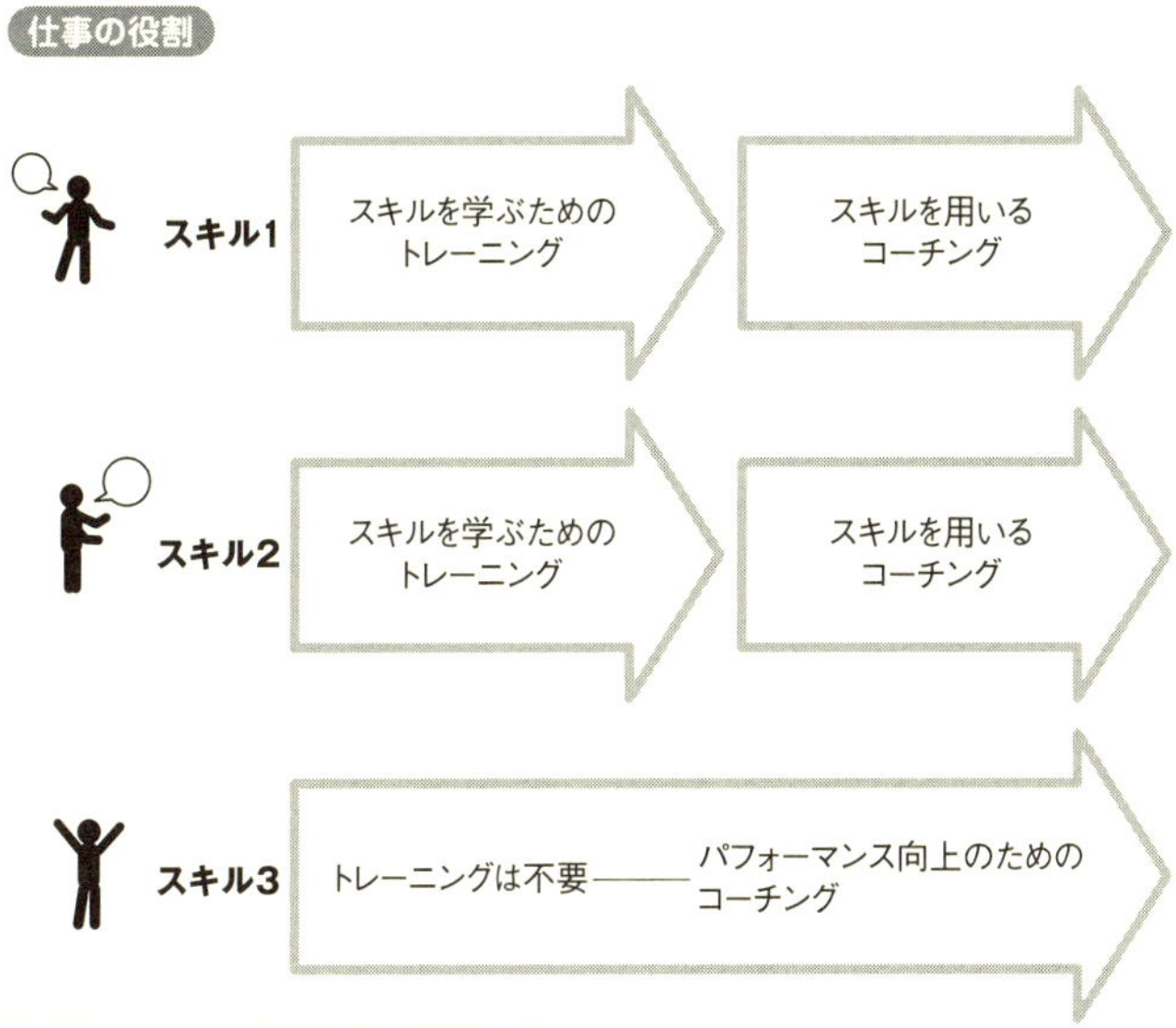
仕事の役割
スキル1
スキルを学ぶためのトレーニング
スキルを用いるコーチング
スキル2
スキルを学ぶためのトレーニング
スキルを用いるコーチング
スキル3
トレーニングは不要
パフォーマンス向上のためのコーチング

よりも、はるかに一般的なものだ。メンタリングは、たいていの場合、人々がある特定の分野や組織で向上するのを支援し、そして彼らが人脈や経歴、企業内の政治的側面を活用するのを助ける。

メンターは多くの場合、指導を受ける人よりも年輩である。メンターを探す場合、人間的に共感でき、その分野で地位を確立しているお手本となる人物を探すのが一般的だ。これは、多くの点でコーチングとは異なる。

コーチングとメンタリングの相違

●コーチは生徒よりも年輩である必要はない。
●コーチングの人間関係はメンタリングほど個人的ではない。自分のコーチに好意を持つ必要はないが、メンタリングの場合は好意の持てる人物が求められる。
●コーチングはある目的に特化していて、メンタリングは、キャリアや人生の発展に関する一般的な問題を扱う。

◎カウンセリング

　ここでカウンセリングに言及するのは、コーチングと同じようなスキルが用いられるからだ。カウンセラーは一般的に、個人がある特定の問題に対処するのを支援するために存在する。カウンセリングは、個人のパフォーマンスよりも、どちらかといえば感情や気持ちに重きをおくのが特徴だ。カウンセリングは、目の前にある問題の原因を探ろうとする。過去を振り返り、ある個人が、どんな道をたどって現在の場所に到達したかを考える。コーチングは、個人が現在いる場所を出発点として、未来に目を向ける。それは、前もって同意された目的地に、どのようにして到達するか計画を立てる。

職場の中において、カウンセラーが求められるのは問題が発生したときだけであり、コーチングは、問題があろうとなかろうと、パフォーマンスを向上させるために求められる。

◎人のマネジメント

マネジメントは、人々から最高の力を引き出し、ある目的を達成する技術である。それゆえに有能なマネジャーは、今までに概観してきたいくつかの役割を、その状況に適した形で担う。現在一般的には、有能なマネジャーとは、自分のチームのメンバーに対して、必要なときにコーチングする存在と考えられているようだ。マネジャーに実際に求められているのは、コーチングの「スタイル」を取り入れることであり、必ずしもコーチングを行うことではない。

コーチングのスタイルとは、ある個人やチーム、組織に適した方法で、個人の発展を支援するというものである。それは、応用範囲が広く、さまざまな変化の必要に臨機応変に対応できるものである。有能なマネジャーは、コーチングという手法を選んだ場合に、自分自身がコーチに適した人物かどうかも判断できる。もしそのマネジャー自身がコーチに適した人物でなければ、マネジャーは社内の他の誰かを選ぶか、または外部からコーチを招くのである。

マネジャーが、コーチに適していないと判断する基準は、以下のとおりだ。

マネジャーがコーチに適さない場合

- マネジャーとメンバーが良好な関係を築いていない。
- 企業内の人間関係が格式張っている。上下関係やルールによって規定されている。
- マネジャー自身もコーチングのスキルを磨く過程にあり、「練習」としてコーチングを行うことが許されない場合。
- マネジャーとメンバー両者にとってコーチングのために時間を割くのが難しい場合。
- 第三者がコーチとなったほうが、そのメンバーにとってメリットが大きい。

マネジャーにコーチングを任せて失敗する主な原因は、そのマネジャーが、「個人の成長」という概念を理解し、信じているかを、事前に確認しないことにあることが多い。

◎コーチングのメリット

コーチングは、個人を中心とした活動である。この方法で個人とともに努力することによって、モチベーションが高まり、その結果パフォーマンスも向上する。個々人の成長ニーズをはっきりさせれば、予算を具体的に配分することができ、結果も容易に測定できる。コーチングは柔軟な

手法だ。トレーニングのためにあるチームの全員を、職場を離れさせることが不可能でも、コーチングは行うことができる。同様に、一度限りのニーズに対応することも可能だ。

企業は、コーチングによりコスト効率が高く柔軟な方法で、パフォーマンスを向上させることができる。そして個人は、自分の潜在能力をフルに発揮し、弱点分野を克服するうえで、実践的で現実的な支援を得ることができる。コーチングによって、目的に即した実用的な教育を受けることができるのだ。一方トレーニングは、どちらかといえば幅広い分野を大まかに扱っていて、効果を出すためには職場でのフォローアップが必要になる。

第 I 部

•

コーチングプロセス

コーチングの成功とは、目標とする結果を達成することだと考えてよいだろう。成功への鍵は、コーチングに関わる二人の人物、コーチとクライアントの関係にある。

熟練したコーチにとって、コーチングプロセスとは、車の運転や歩くことと同じように、高度に統合されているものだ。しかし、一連の動作のように見えても、その中にはいくつかの段階がある。

ここでは、コーチングの過程を六つのステップに分割し、コーチとして行うべきことを明確にした。コーチとして経験を積むほどに、歩くことや紅茶を淹れることと同じように自然にできるようになるだろう。

第 1 章

コーチングの実際

Introducing The Coaching Model

01

・コーチングの流れを概観する

◎コーチングの開始

一般にコーチング開始のきっかけは次の三つのケースがあるだろう。

コーチング開始　三つのケース

①本人から直接、コーチングを依頼される。理由は、その人物のマネジャーであるから、またはコーチに必要なスキルや知識を持っていると、その人物が考えているからだ。

②能力を十分に発揮していない人物を発見し、コーチとしてその人物を支援できると感じている。

③第三者、たとえばある人物のマネジャー、または研修教育担当者から、その人物をコーチングしてほしいと依頼される。

◎コーチングのプロセス

コーチングのきっかけを作るのが誰であれ、コーチング成功のためには、大きく分けて六段階の過程を経なければならない。

コーチングプロセスの六段階

第1段階　コーチングの必要性と目的を明確にする。
第2段階　具体的な成長ニーズについて同意する。
第3段階　コーチングプログラムの詳細な計画を立てる。
第4段階　計画に従い練習し、成果やデータを集める。
第5段階　自己評価とフィードバックをもとに、パフォーマンス向上の計画を立てる。
第6段階　コーチングの関係を終わりにする。

第1段階で始まり、そのまま第6段階で終わるケースもあるかもしれないが、多くの場合において目的を達成するには、第3段階から第5段階を何度もくり返す必要がある。これは「持続的に変化を起こす」という、コーチング本来の目的とも関係する。実際に成果を出すには、くり返

し練習することが必要だ。

私たちのコーチングプロセスのモデルは、体系化されたもので、かつ応用の利く方法である。コーチングが行われる環境と、コーチングに関わる各個人に合わせて修正を加えることができる。各段階は、とても短く、お互いに重なり合っている場合もある。反対に、それぞれの段階を、まったく別のものとして扱うことができる場合もある。

コーチングプロセスのある段階を完全に省いてしまうと、クライアントの学習体験に多大な影響を及ぼしてしまう。なぜなら、持続的な変化を起こすのに必要な学習サイクルを、経験することができないからだ。

Figure:1.1
「コルブの学習サイクル」（140ページ参照）による
コーチングプロセス

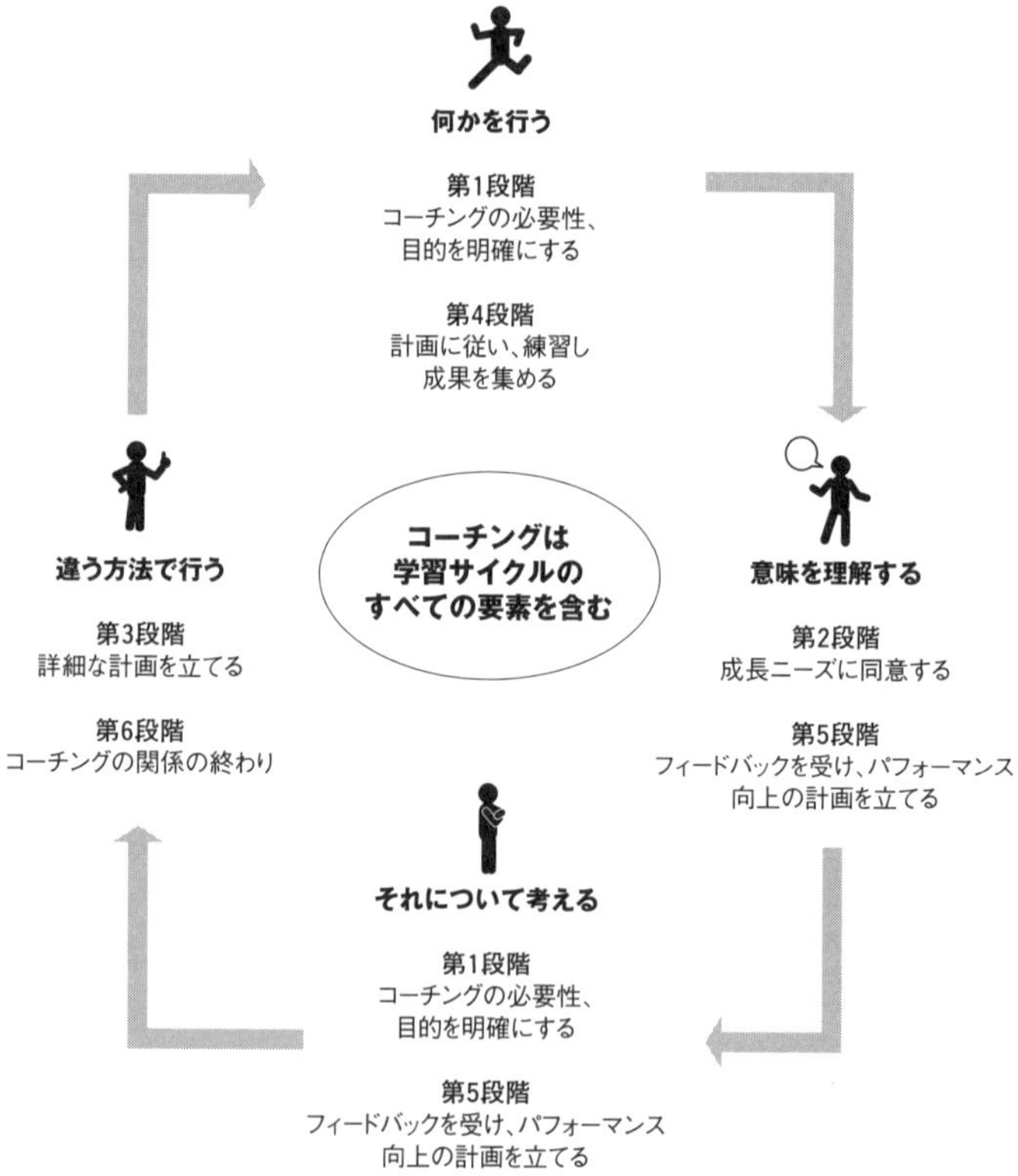
何かを行う
第1段階
コーチングの必要性、
目的を明確にする
第4段階
計画に従い、練習し
成果を集める
意味を理解する
第2段階
成長ニーズに同意する
第5段階
フィードバックを受け、パフォーマンス
向上の計画を立てる
それについて考える
第1段階
コーチングの必要性、
目的を明確にする
第5段階
フィードバックを受け、パフォーマンス
向上の計画を立てる
違う方法で行う
第3段階
詳細な計画を立てる
第6段階
コーチングの関係の終わり
コーチングは
学習サイクルの
すべての要素を含む

コーチの職務説明書

コーチは具体的に何をすればいいのだろう、コーチという「職務」において自分が果たす役割は何なのだろう、と思われる方もいるかもしれない。ここで一般的にコーチの仕事と考えられているものを職務説明書の形で提示しておく。

〈職務〉

- コーチ

〈目的〉

- ある人物との共同作業で、その人物のパフォーマンスを向上させる。

〈主要な職務と責任〉

- 成長ニーズを見抜く。
- クライアント、マネジャー、そしてその他の利害関係のある人物に、コーチングの内容を説明する。

●目標を決め、行動プランを立てる支援をする。
●さまざまな学習体験を通して、パフォーマンスを向上させる。
●クライアントの言動を観察し、フィードバックを行う。
●クライアントに、自分の能力に関する思い込みを変えさせる。
●クライアントが、問題を見抜き、解決するための道を見つける支援をする。
●目標への進捗評価を支援をする。
●クライアントが、目標達成へのモチベーションを持てるよう支援する。

〈要求されるスキル・能力〉

●計画立案スキル。時間管理スキル
●分析力
●交渉スキル
●対人スキル（信頼関係を築く／フィードバックを与える／アクティブリスニング（傾聴する）／質問をする／情報を得る）
●観察力
●ファシリテーション（評価基準と目標の設定／学習の支援／評価と論評）

〈要求される資質・態度〉

- ●人の支えになれる、人の気持ちがわかる
- ●忍耐強い
- ●前向きな姿勢
- ●他人を尊重する
- ●信頼できる
- ●正直
- ●人の可能性を信じる
- ●正確な記憶力
- ●客観的、人を批判しない
- ●人の気持ちに敏感
- ●好奇心がある
- ●視野が広い
- ●己を認識している
- ●適切な気配りができる
- ●自信がある

〈必要とされる知識〉

- ●コーチングの手法についての知識、学習理論。
- ●コーチングのテーマとなる分野の知識（そのテーマや技術の専門家である必要はない）。

第 2 章

コーチングのプロセス

Coaching Process

01

・コーチングの準備

コーチングの準備は、実際にクライアント（コーチングの対象となる人）と会う前に、すでに始まっている。コーチングの準備をするにあたり、以下のことを考えてもらいたい。

◎コーチ自身の準備

● コーチング開始にあたり、第三者の意見を求める必要があるかを考慮する。
● コーチの役割と責任を、自分に確認する。コーチの職務説明書や、コーチングに関する計画の書類があれば読み直しておく。
● 「コーチ・モード」に入る。自分がクライアントの上司である場合や、研修責任者である場合は、コーチとしての精神状態に自分を持っていくことが特に大切だ。

●コーチングの妨げになりそうな問題、たとえば自分自身の不満や仕事の予定は、とりあえず脇へどける。自分の頭の中をすっきりさせて、クライアントにすべての意識を集中しなければならない。
●必要な道具や情報をすべて集めておく。たとえば、クライアントの上司に、クライアントの職務内容などを聞く。
●コーチングプロセスを見直しておく。それぞれの段階で何をするべきかをはっきり理解しているか確認する。たとえば、クライアントへの質問を考えたり、コーチングのスキルをもう一度読み直しておくことなども必要である。

◎コーチングの環境を整える

●静かで、二人だけになれて、居心地のいいミーティング場所を確保する。コーチとクライアントが、どんな環境でいちばんで落ち着くかを考慮する。
●ミーティングに十分な時間を割り当てておく。
●飲み物や軽食を用意しておく。

◎クライアントへの準備

●最初のコーチングセッションの目的を、クライアントにきちんと伝えておく。メールやメモを使うよりも、口頭で伝えたほうがいい。信頼関係を築くきっかけとなるし、クライアントは疑問があればその場で質問できる。クライアントに何らかの恐怖心があればそれを取りのぞくこともできる。

●どの段階で、指示を求めたり懸念を表明したりすればいいか、クライアントに知らせる。

●必要があると感じるならば、クライアントがコーチングに何を望んでいるのかを考えてもらう。質問をしたり、用意した質問表に答えてもらったりするのがいいだろう。

●関係があるかもしれない書類はすべて持ってきてもらう。

02・第1段階：コーチングの必要性と目的を明確にする

この段階の最後には、以下の成果が上がっている。

●成長ニーズについて同意し、どう変化するべきなのかだいたいわかっている。
●クライアント、および利害関係のあるすべての人が「コーチングとは何か？」「どんなプロセスを経るのか？」について理解している。
●コーチングの目的が明確になっている。

◎コーチは最初に何をするか

まず最初に行うのは、コーチングの要請があった理由を探ることだ。もしもあなた自身がコー

チングのきっかけを作ったのなら、以下のリストの質問を自分に訊ね、クライアントとの話し合いに備える。

コーチングの必要な理由を明らかにする質問

- クライアントが、コーチングによって利益を受けると思ったのはなぜですか？
- あなたが変えたいと思うクライアントの態度は、具体的にはどんなものですか？
- 具体的に、クライアントの何を向上させたいのですか？
- できると思われるのに、クライアントが実際に行っていないのはどんなことですか？
- コーチングの結果、クライアントはどんなことが達成できますか？
- コーチングを提案するきっかけとなった出来事は、具体的には何ですか？
- コーチングが有効な理由を、クライアントにどのように説明しますか？
- 他にもある成長のための手法の中から、なぜコーチングを選ぶのですか？
- コーチングの期間中、および終了後に、クライアントにどんな支援ができますか？
- クライアントの変化は、チームや、関係する人々にどのような影響を与えますか？
- その影響にクライアントはどのように対処すればいいのですか？

もしクライアントがコーチングのきっかけを作ったのなら、以上の質問の文面を修正したものを渡しておくといい。そうすればクライアントは、なぜ自分がコーチングを希望したのかについて考えることができる。そうすれば、この質問リストが最初のコーチングセッションにおける話題となる。

◎コーチングは正しい方法なのか？

クライアントの成長ニーズが明らかになったら、次の課題は、その必要性をどのように満たすかということだ。そもそもコーチングは、クライアントにとって適切な方法だろうか？

この段階でコーチ自身が自問すべき質問は以下のとおりだ。

コーチングが適切な方法かを明らかにする質問

- クライアントには、必要なスキルや知識が十分にありますか？
- クライアントが近い将来に、そのスキルや知識を活用する場があるでしょうか？
- クライアントと一対一で取り組むことで、パフォーマンスを向上させられますか？

もし以上の質問に対する答えが「イエス」なら、コーチングが適切な方法だと言える。もし答えが「ノー」だったら、以下の学習方法を考慮に入れるべきだ。

コーチングの代わりとなる学習方法の候補

- 研修によるトレーニング
- eラーニング
- 実地での訓練
- 独学のための教材

コーチング開始前に考慮すべきその他の質問

- コーチには、クライアントが使用することになるスキルや知識がありますか?
- コーチとクライアントには、コーチングのための時間がありますか? コーチングが仕事の生産性にどのような影響を与えるかを考えましたか?
- コーチは、十分にコーチングのスキルを身につけていますか?
- コーチとクライアントの間に、人間関係で問題が起こる可能性はありますか?
- コーチは、コーチングの目的と成果を測定する方法について、きちんと理解していますか?

●クライアントのパフォーマンスを評価する基準は存在しますか？
●クライアントは、自分に成長の必要があることを認識していますか？
●クライアントは、コーチングを受ける意志がありますか？
●選ばれたコーチは、この人物をコーチングする意志があるでしょうか？
●コーチはコーチングによって、他のメンバーにどんな影響が出るか考慮していますか？

◎最初の会話

コーチングの必要性を分析した後に、コーチはこの段階でもっとも重要な部分に足を踏み入れることになる。それは、以上のような内容をクライアントと話し合うことだ。この話し合いは電話で行ってもかまわないが、顔を合わせてのミーティングのほうが得るものはずっと大きい。

ここでの目的は、「なぜコーチングを行うのか？」について、正直で率直に話をすることだ。これはまた、コーチングについてどう理解しているかを、お互いに確認する機会でもある。コーチングは必ずしも矯正を意味するのではなく、パフォーマンスを現在のレベルから引き上げることだ。現在のレベルがいいか悪いかは関係ない。

この会話の中でもうひとつ確認しておくべきことは、あなたのコーチとしての動機である。こ

れは、クライアントとすでに何らかの関係がある場合、特に重要になる。あなたがなぜコーチングを持ち出したのか、相手が疑問に思っているかもしれないからだ。

あなたがもしクライアントのマネジャーなら、これから何を行うのか、なぜそれを行うのかを明確に説明するまで、相手は大きな疑惑を感じつづけるだろう。もしマネジャーではないのなら、相手はあなたがなぜこんなことをするのか疑問に思っているだろう。これは本当のところどういう意味なのか、他に知っている人はいるのか、あなたの目的は何なのか、というように。

◎コーチングプロセスを説明する

最初の会話は、あなたが採用しようとしているコーチングの体系的な手法を相手に理解してもらうものになる。コーチングプロセスを順を追って説明し、必要があればクライアントにそれについて書いた紙を渡す。こうすることによって、コーチングの各段階を、状況に合った形に作りかえ、コーチングの時間や場所などについて話し合うきっかけにすることができる。

ここはまた、コーチがコーチングをどのように進めるつもりかを伝える場でもある。クライアントの上司や他の人物にフィードバックすること、時間を守ること、「宿題」を完成させるなど、

お互いが守らなければならないことを伝える場だ。クライアントに、コーチの倫理と守秘義務について伝え、コーチの何らかのミスに気づいた場合にはフィードバックしてほしい旨を伝える。そしてクライアントに、お互いに守りたい基本原則があるかどうか訊ねる。

コーチングセッションの終わりで、クライアントに一緒に取り組めそうかどうかを質問する。クライアントが「ノー」と答える可能性は低いが、「イエス」という答えでも、その答え方が大きな意味を持っている。相手のボディーランゲージを観察し、声の調子に注意して、それ以上探る必要があるかどうかを判断する。

以下のような兆候が見られたら、コーチングは控えたほうがいいかもしれない。

コーチングの開始を見直すべき兆候

●**相性が合わない**…信頼感がほとんど感じられず、自信が持てない。信頼関係を築くには時間がかかるが、人間関係がどちらの方向に向かうかは、最初に会ったときにある程度見当がつくものだ。もちろん、お互いに相手を好きになる必要はないが、互いに信頼し、協力関係を築くことは欠かせない。信頼関係を築けないと感じたら、その関係から身を引くときだ。

●**コーチングのテーマに関して十分な知識がない**…コーチは、クライアントが目指しているレベルで何かをできる必要はない。しかし、相手が向上できるところを見つけ、理想とする目標や

基準への道筋を示すのに十分な経験と知識を備えている必要はある。

●クライアントと話した結果、コーチングという手法が適切でないと感じる…クライアントに必要なものはむしろトレーニングだと判明するかもしれないし、または、コーチングのような緊密な人間関係が向いていない場合もある。

コーチングが適切な手段であると判断したら、コーチングの目標を明確に決めなければならない。目標とはクライアントがコーチングによって達成したいことだ。目標とは、どこに行きたいかを決めることであって、どのようにしてそこに行くかを決めることではない。

この最初のセッションを記録し、クライアントにそのコピーを渡すのもいい。そうすれば、お互いに同意した筋道について、理解をすり合わせることができる。また、この会話の記録は、コーチングの具体的な目標を決める第2段階で活用することができる。

◎失敗の原因

この段階での、コーチングがつまずく主な原因をあげておく。

1　クライアントが、コーチが依頼されたことを知らなかった

クライアントが「現実を受け入れていない」つまり、話を聞いているのに聞いていないと言い張る場合をのぞいては、その人物は本当に話を聞いていないと考えて間違いない。その理由は、いろいろあるだろう。

【クライアントが話を聞いていない理由】

- マネジャーが、多忙やその他の理由で話すのを忘れた。
- クライアントとマネジャーの間の、意思の疎通や人間関係がうまくいっていない。そのためマネジャーが話をしなかった。なぜなら、どう話していいかわからないから、または単に話したくないからだ。
- マネジャーが、すべての責任をコーチに押しつけたがっている。それはたいていの場合、クライアントの反応を恐れているから、またはそのほうが簡単だからだ。

ここにあげたどの理由にも同じ解決策を用いることができる。その解決策には、コーチ自身が関係を維持したいという希望があることが前提だ。

コーチは、コーチングとは何であるか、どうして自分が関わるようになったのか、相手にとっ

てどんな利益が考えられるか、どんなプロセスを経るかといったことについて話し、このまま続けてもいいかどうかを質問する。もし相手がかまわないと答えたら、そのままコーチングセッションを続ける。

もし相手が続けたがらなかったら、そこから先に進むのは不可能だ。ここで、「どうすれば納得してもらえるか?」「あなたのマネジャーは、なぜこれを提案したと思うか?」などの質問をすることは可能だ。しかし基本的に、コーチングは双方向の関係であり、どちらか一方に参加の意志がなければ、成功はできない。

この決断をマネジャーにどのように伝えるかを、双方の合意のもとに決める必要がある。相手が伝えるか、コーチ自身が伝えるか、または二人で一緒に伝えるか。もし可能なら、相手にこの役目を任せ、相手自身の決断に責任を持つよう促したほうがいい。その後で、双方の状況を見直し、誰もが満足していることを確認する。

2　クライアントが、コーチが提案する基本原則に同意しない

基本原則を決めるそもそもの目的は、コーチングの進め方についてお互いに合意することだ。コーチは交渉スキルと説得スキルを用いて、合意を形成する必要がある。なぜある基本原則は受け入れられて、他の基本原則は受け入れられないのか、その隠れた理由を探っていく。理由は、

そこで話されている言葉の理解と受け取り方にある場合が多い。

逆にコーチがクライアントから提案された原則に同意できない場合、それはもしかしたら個人的な信念が関係しているのかもしれない。そこで、こう自分に質問する。

「それはこの状況でそんなに重要なことなのか？　もしそうなら、その理由は？」

3　仕事での関係が邪魔になっている

マネジャーがコーチの候補だとする。コーチはクライアントにとって、不安や疑問を打ち明けるのに適切な存在だろうか？　クライアントが何と言おうとも、コーチとしての役割をまっとうできるだろうか？　マネジャーは、目的を明確に把握していること、そしてそれをスタッフに説明できることによって、とても有効なコーチになりうる。

コーチとマネジャーを兼任することで起こる可能性のある問題とは、クライアントが自分は批判されているのではないか、もしかしたら見放されるのではないかと心配してしまうことだ。コーチは、コーチングセッションのたびに、その冒頭で目的とコーチとしての役割を明確に伝えなければならない。

もし基準に満たないパフォーマンスを克服するためにコーチングを提供しているのなら、コーチングの始まりから、フィードバックを切り離す必要がある。ここでのもうひとつの解決策は、

他のコーチを見つけることだ。

4 相手がコーチングを受けたがらない、または、コーチングを提案されたのは自分に能力がない証拠だと考える

ここでのコーチの役割は、コーチングのコンセプトを「売り込む」ことであり、これは成長のための作業だと説明することだ。ここでは「継続的な成長」という考え方を説明するのが有効だ。つまり、たとえ今現在どんなに優れていても、常にその上を目指さなければならないということだ。過去のコーチとしての経験や、コーチングを受けたときの経験を話し、その効果を説明するのもいいだろう。

03

・第2段階：具体的な成長ニーズについて同意する

この段階の終わりには、以下のような成果が上がっている。

●相手とのさらに緊密な関係（または、これ以上コーチングを続けられないという決断）。
●具体的な成長ニーズについての詳細。
●相手の現在の能力、過去の経験に対する明確な理解。
●コーチングの目的についての同意。成功の基準。

この段階の目的は、相手の現在の状況と、相手がどこへ行きたいのか、またはどこへ行く必要があるのかを発見することだ。そのためには、信頼関係を築き、相手と話し合う必要がある。この段階でも、コーチングセッションを行うことになる。それは、第1段階の続きという形になる

かもしれないし、またはまったく違うものになるかもしれない。

◎信頼関係の重要性

クライアントの成長ニーズを見抜くには、信頼関係を築く必要がある。信頼関係とは、お互いに安心でき、競争心がなく、自然に会話が進むような関係だ。それぞれが、自分の話を聞いてもらっていると感じるような信頼関係を築いている人たちを観察すればわかるように、たいてい同じようなボディーランゲージや声の調子、呼吸のパターンを用いている。つまり、二人は「息が合って」いる。

信頼関係を築くとは、共通の基盤を確立し、お互いが相手への敬意を示すことだ。それは信頼と誠実さを基盤として関係を築くことである。

この段階で信頼関係を築くことは、とても大切だ。なぜならこの段階で、コーチングの全プロセスの基礎を作ることになるからだ。信頼関係を築くには、優れたコミュニケーション能力と、相手の世界観を理解していることを示すこと、つまり共感することが必要となる。それにはまず、相手に心からの関心を寄せていなければならない。

◎どう信頼関係を築くか

ちょっとした会話でも、信頼関係を築く助けになるものだ。その日の出来事や旅行、お互いに共通する経験、最近のニュースなどの話から始めるのもいい。

コーチとしての信頼を確立し、クライアントの信用を得るには、コーチ自身についても話す必要がある。どこかの時点で、コーチの背景や経験を話したり、コーチングスタイルを説明するようにしよう。コーチに選ばれた理由を話すのもいいだろう。

しかしここで注意しなければならないのは、コーチが保護者ぶったり、「何でも知っている」ふりをしたりしないということだ。そんなことをすると、信頼関係はたちまち崩れてしまう。クライアントが知りたがっていると思われること、知ってもらいたいことを話すのに加えて、コーチ自身について何を知りたいかを質問する。クライアントには、まず最初にコーチについて知りたい人もいれば、クライアント自身の課題について話したいという人もいる。

人の波長に合わせるには、よく見て、よく聞くことが大切だ。ノン・バーバル・コミュニケーションは、何を伝えているだろう？　人は誰でも、自分が使う言葉によって、自分の好みのヒントを出している。もし話し相手が視覚的な言葉を使っているのなら、自分も同じような言葉を使

う。そして、相手は紙に書いたものや実物を「見たい」と思っているかもしれないことを、心に留めておく。相手の仕草や言葉に合わせせることで（真似をするのではない）、相手を楽な気持ちにさせ、自分に親しみを持ってもらえる。そうすれば、自分の話が相手に伝わりやすくなることに気づくだろう。

コーチは、クライアントが楽な気持ちになれるよう、取りはからう責任がある。それには、環境とともに、言葉や行動にも気を配らなければならない。たとえば、クライアントが楽な気持ちになれる場所で会う、飲み物を用意しておく、座り心地のいい椅子を手配するなどの準備も有効だ。

◎成長ニーズを見つける

成長ニーズを見つけるには、ふたつのことをはっきりさせておく必要がある。ひとつは、現在の状況。もうひとつは、理想とする結果の具体的な形だ。

まず最初のほうから見ていこう。現在の状況はどうか？　これは、クライアントの現在の位置をはっきりさせることを意味する。どんなスキルと知識を持っているか、ある特定の分野における自分自身の現在の能力を、どのように評価しているか？　ここでは、自己評価とオープンクエ

スチョンを、できるだけたくさん行うことが重要だ。

コーチは、クライアントとともに、クライアントがどうやって今の地点にたどり着いたのかを考える。今までに、どんなトレーニングを受け、どんな経験を積んできたのだろう？　クライアントがそれらの項目に答えるときは、その証明になるような実例や証拠をあげてもらう。特に他の人からのフィードバックがあった場合は、それに答えてもらう。

ここで役に立つテクニックは、その仕事をするときにどんな気分になるかを質問することだ。一般的に、人は得意なことをしているときは気分がよく、不得意なことをしている場合はいい気分がしない。嫌な気分は、自分の能力を疑っているときや、他の人の目を気にしているときにわき上がってくる。


次に視野を広げ、今までに経験した中で関係があるかもしれない仕事をあげてもらう。同じようなスキルが必要な他の仕事について考えるのも、クライアントが、自分の何を向上させればいいのかを知るために役立つ。

足りない部分をはっきりさせるために有効な質問は以下のとおり。

成長ニーズを見つける質問

●このテーマについて知っていることは、どうやって学んだのですか？
●このテーマについて、どのようなトレーニングを受けてきましたか？
●トレーニングの前には、どんな経験を積んでいましたか？
●トレーニングが終わってから、どんな経験を積んできましたか？
●このテーマに対して、どんな感情を抱いていますか？
●このテーマにおけるパフォーマンスで、どのようなフィードバックを与えられてきましたか？
●このテーマにおけるパフォーマンスで、何か実例をあげてください。
●このテーマに取り組むときに、どんなスキルを活用していますか？
●そのスキルは、他にどんな状況で活用していますか？
●この仕事の中で、簡単だ、するのが楽しいと感じている部分はありますか？　その理由は？
●この仕事の中で、難しい、好きではないと感じている部分はありますか？
●この仕事のその部分に問題があると感じているのはなぜですか？
●どんな要素が、この仕事のできばえに影響を与えていると思いますか？

◎理想の結果を明らかにする

次に、理想とされる結果をわかりやすい言葉で描く。これはとても重要な作業だ。評価の基準となる明確なベンチマークとして機能し、現在の能力を査定する。目に見えない目標があると推定して、そこに向かうのではない。

コーチングにおいてもっとも大切なのは、クライアントが何を達成したいのか、どうすれば自分が成功したと知ることができるのかを質問することだ。

中には、明確な目標をすでに決めている人もいる。「～ができるようになりたい」というように。または、とりあえず嫌な気分をなくしたい、もっと自信を持ちたいとだけ考えている人もいる。後者の動機はさらに追究し、もっと具体的な絵を描く必要がある。そのためには、以下の質問をするといいだろう。

理想の結果を明確にする質問

●コーチングの終わりには、どんなことができるようになっていたいですか？
●「今よりいい」を具体的に言うと？
●今から二ヶ月後に誰かからフィードバックをもらえるとしたら、どんなことを言ってもらいた

いですか？

●自分が向上したかどうかは、どうやってわかりますか？

●このスキルはどんなときに応用できますか？　人のどんなところを真似したいですか？

理想の結果をはっきりさせるにあたり、会社の基準や、公開されているなんらかの仕事の基準を参照するといい。

このことを話し合っているときは、メモを取ると役に立つだろう。会話を思い出す方法は、人によって異なる。記憶だけでこと足りる人もいれば、メモを取らないと忘れてしまう人もいる（たいていの人は後者ではないだろうか）。

正式な書類ではなく、備忘録だ。メモを取ることにしたのなら、何を書くのか、なぜ書くのかを相手に説明する。そうでないと、相手はそのメモが何に利用されるのか不安になるからだ。他の方法としては、相手にメモを取ってもらってもいい。しかしここで、メモを取ることで、相手が質問について考える妨げにならないようにする。

◎目標を作る

この段階で、コーチングで何を達成するかについて合意する。つまり、どんな結果や目標に向

かってともに努力するのかを確認する。コーチングセッションの最中に確認してもいいし、後でメモを参考に目標と思われるものを作成し、それをクライアントに送ってコメントを求めてもいい。

後日、目標について話し合う。目標をメールで送る場合は、その後で電話か直接会う機会を設け、クライアントが目標について本当に感じていることを確認する。

第1段階で合意に達した大まかな目標を、この段階で、それまでの分析を反映したもっと詳細な目標に分割する。コーチングの目的は、計測可能な形を取る必要がある。目標とは、クライアントがコーチングの過程が終わったときにできるようになっていることを、具体的に表現したものだ。

目標について合意に達する前に、すでに確認したコーチングの必要性を思い出すことに加え、以下の質問をしたほうがいいだろう。

目標を合意する前にする質問

- 第三者（マネジャーや上司、人事部など）は、コーチングにどんな成果を期待していますか?
- コーチングにどれくらいの時間を割り当てられますか?
- コーチングに影響を与えるかもしれない要素はありますか?

◎効果的な目標

目標を立てるときは、クライアントを中心に考える。この人物は、コーチングを受けたことによって、何ができるようになるだろう？　コーチングの主眼は、コーチではなく、コーチが達成したいことでもない。大切なのは、クライアントが必要としていることであり、その人物が何を達成したいかだ。そのためここで定める目標は、すべてクライアントのニーズを反映していなければならない。

目標を定めた文章は、次のような言葉で始めるといいだろう。

「このコーチングプログラムを終了させたとき、できるようになっていることは……」

すべての目標をこの言葉で始めれば、コーチングの終わりにクライアントが身につけているはずの態度に焦点が当たり、その結果コーチは、以下に説明する「ＳＭＡＲＴ」な目標に集中することができる。

◎SMARTな目標

ＳＭＡＲＴという頭字語は、うまく組み立てられた目標を表す言葉として、かなり一般的に知

られるようになった。ＳＭＡＲＴな目標は、以下のような特徴を持っている。

●**具体的（Specific）**…ある個人のパフォーマンスの特定の部分、またはテーマとなっている仕事やスキルに注目したものである。

●**計測可能（Measurable）**…その成果は評価することが可能であり、それが達成されたときに目に見える結果が出る。

●**合意に達した（Agreed）**…これがコーチングにもっとも関係している。コーチ、クライアント、そして関係する第三者のすべてが、目標について同意している必要があるからだ。

●**現実的（Realistic）**…これもまた、コーチングに欠かせない要素だ。目標が現実的でなかったら、コーチングは失敗する。コーチもクライアントもやる気を殺がれる。コーチが信頼を失うという結果につながるかもしれない。

●**時間が決められている（Timed）**…達成にいたるまでの時間枠が決められている。コーチ、クライアント、マネジャー、そして企業にとって、時間枠を決めることはとても重要である。時間枠を決めれば、関係のある人物すべてが、どれくらい時間がかかるのか、割り当てられた時間内で何が達成できるのかを知ることができる。

目標に使われる他の頭字語としては、ＳＭＡＣがある。Specific（具体的）、Measurable（計測可能）、Achievable（達成可能）、Challenging（挑戦しがいのある）だ。

目標を立てるときは、そこで使う言葉についてよく考える。それらの言葉は、目標の達成を計測するときのヒントになる。「楽しむ」「感じる」「信じる」「知る」「理解する」「認識する」などの言葉は計測できないので、目標には向かない言葉だ。

目標が完成したら、コーチはそれを書面にし、クライアントや、その他利害関係があるすべての人が、見直すことができるようにする。そうすれば、コーチングプログラムが何の達成を目指しているか、または目指していないかについて、誤解の余地がなくなる。

この時点で、コーチとクライアントは、目標が成長ニーズを満たしているかについて、互いに同意する必要がある。すべてのニーズが目標に反映されているか、見落としたもの、または誤解しているものはないか？

コーチングが進むにつれて、目標が変化することもある。もしそうなったら、新しい目標をまた書面にし、関係するすべての人の間で回覧する。コーチ、クライアント、マネジャーのすべてが、目標の書類に署名をし、内容に同意していることを明らかにしておくといい。

◎失敗の原因

1　コーチ自身がこのコーチングを担当するのは間違っていると感じる

コーチが、テーマについて十分な知識を持っていないと感じている場合である。コーチは、クライアントが目指しているレベルを備えている必要はない。経験や知識は、相手の向上を見極めるのに十分なだけあればいい。

コーチにとってもっと大切な資質は、クライアントの学習を支援し、成長のための選択肢を探る能力だ。そのことを心に留めて、それでもまだ間違っていると感じるなら、その理由をクライアントに説明し、他のコーチを見つける手助けをする。

2　時間が少なすぎる

成長ニーズについて、よく理解した結果、コーチングに与えられた時間が少なすぎる、または他の事柄が優先されることに気がついたとする。この時点で、時間について再び交渉するか、またはコーチングに割ける時間を作るために、クライアントとともにできる限りのことをする必要がある。または、目標の水準を下げるという方法も考えられる。

3　コーチングではなくトレーニング向きの課題

コーチングとトレーニングの違いの定義について、ここでもう一度確認しよう。もし必要なスキルや知識が著しく足りないのなら、トレーニングの出番だ。この場合、コーチングを打ち切ってトレーニングを始めるか、または第三者にトレーニングを任せる。コーチ自身がトレーニングを行うことを選んだのなら、混乱を避けるために、コーチ自身とクライアントに対して役割を明確にしなければならない。

スキルや知識は十分だが、それを活用して要求されるレベルのパフォーマンスができないのなら、コーチングの出番になる。

4　このミーティングを終わらせるために十分な時間が与えられていない

成長ニーズについて話し合った結果として、目標を設定するのに、予想していたよりも時間が長くかかりそうだとわかる場合もある。この状況での最善の策は、成長ニーズを分析したところでいったん終わりにし、別の機会を設けて目標について話し合うことだ。

時間が足りないと気づいたら、コーチはその段階を完遂するための交渉をする必要がある。

5　必要性が何なのかわからない

現在の状況と、理想とされる状況の間に、違いを見つけることができない。あるいは、クライアントのパフォーマンスを向上させるために、どこを変える必要があるのかがわからない、わかるような答えを得られない、という場合がある。

この場合、クライアントが職場に戻り、同僚やマネジャーからフィードバックを求めるといいかもしれない。または、コーチがクライアントを観察し、フィードバックしてもいい。本当の問題は、もしかしたら「自信」の問題なのかもしれない。相手は高いレベルで仕事をしているが、それに確信が持てないでいる。または、発展の必要性はまったく存在せず、コーチングの場で、自信を高めれば十分なのかもしれない。

04

・第3段階：コーチングプログラムを詳細に計画する

この段階の終わりで、コーチは以下の成果を手に入れている。

●コーチングプログラムの詳細な計画。
●目標を達成するための明確なステップ。
●コーチングプログラムの時間割。

コーチングの目的について同意したら、次に考慮すべきは、目的を達成する方法である。この段階では、コーチングのプロセスをどのように進めていくかの詳細を計画することになる。

◎コーチングプログラム

コーチは、クライアントとともに計画を作成しなければならない。すでにできあがった計画を「既成事実」として差し出すのは間違っている。第三者が計画に関わっているのであれば、その人にも関係する部分を伝えること。

コーチングプログラムは、以下の事柄を考慮して作成する。

コーチングプログラムで考慮すべきこと

●個々の目標の見直し
—この目標は何を意味しているか？
—この目標を達成するために、どのような行動をとる必要があるか？
—その行動は、実際に行う必要があるか？　それともシミュレーションでよいか？
—その行動はいつ起こす必要があるか？

●コーチングに使える時間
—それぞれのコーチングセッションに使える時間
—コーチングの全プロセスに使える時間

●クライアントに必要な準備的な課題
──本を読み直す、データを集める、など。
●他者の参加
●必要な道具

◎プログラムに含むべきこと

コーチングプログラムは、以下の項目のそれぞれを、少なくとも一度は含んでいなければならない。コルブの学習サイクルとコーチングプロセスの関連（○ページ参照）を確認してほしい。

1　経験を積む

クライアントは、経験を積む必要がある。それはつまり、コーチングの課題である仕事やスキルを、実際に行うということだ。この経験は、本物でもいいし、シミュレーションでもいい。計画したものでも、計画していないものでもいい。コーチが観察している場で行うか、またはクライアントに報告してもらう。クライアントは、できる限り実際に近い状況で、その仕事や活動を行う必要がある。

2　経験を振り返る

この段階で、コーチングの主な活動が始まる。コーチの役割は、クライアントに経験を振り返る道具を与え、そこから何かを学んでもらうことだ。それには、経験の中で起こったこと、その結果、そして関係する人々がどう感じているかについて考え、話し合うことが含まれる。

3　経験の意味を考える

これはクライアントが経験を振り返ったときに行う。コーチはこの段階で、物事がなぜそのような形で起こったのかを、相手に考えてもらうことになる。裏にあるプロセスは何か?　舞台裏では、どんなことが起こっていたのだろう?

4　違う方法で行う

これは「次回の計画を立てる」段階だ。コーチングにおいて、コーチとクライアントは、次の機会に違う方法で行うことと同じ方法をくり返すことを、二人で話し合い見つけ出していく。

5　経験をくり返す

クライアントは経験をくり返し、コーチングの中で話し合われたアイデアをその中に組み込む。

コーチの計画は、「反省―意味を考える―活動を計画する―経験をくり返す」というプロセスを、目的が達成されるまでくり返すことになる。

第Ⅲ部で、コーチングに活用できるエクササイズを紹介している。それらの中から、コーチングと目的とクライアントにとって適切なものを選ぶといいだろう。

◎失敗の原因

1 スキルや知識を活用する機会がまったくない

この場合、まず最初に確認するべきなのは、なぜ今コーチングを行っているのかということだ。コーチングが、ある人物のスキルや知識の職場での活用を支援することであるならば、理想的なコーチングのタイミングは、その人物がその仕事を行う直前か、または行っている最中である。この場合は、クライアントが実際に関連する仕事を行うようになるまで、コーチングを延期したほうがいい。

しかしながら、ある仕事をしばらくはする予定がなくても、コーチングを行う必要がある場合もある。ひとつの例は、危機管理のコーチングだ。この場合、危機が起こるまで待っているわけ

にはいかず、それに危機がいつ起こるか予測することもできない。そのため、シミュレーションという形でコーチングを行う必要がある。

2　コーチ、またはクライアントがあまりにも多くの仕事を抱えている

仕事量がとても多い場合、または時間が押し迫っている場合に、この状態になる。計画を立てるときは現実的にしよう。期日を先に延ばすほうが、期日を遅れたり何も達成せずに終わるよりも、簡単でやる気も湧いてくる。「約束は控えめに、成果は期待以上に」だ。

クライアントのマネジャーと交渉して、コーチングのために時間を確保する必要があるかもしれない。それが可能かどうかは、クライアントがパフォーマンスを向上させることが、どの程度優先されているかによって決まる。

05

第4段階：練習し成果を集める

この段階の終わりには、以下の成果が上がっている。

●クライアントが練習を行ったことによる成果。その成果を基準に、コーチが評価を行う。

この第4段階は、実行の段階だ。実行の結果、次の段階で、変化させる必要があると判明した特定のテーマに取り組み、全体のパフォーマンスを向上させていくことになる。

この段階には、ふたつの大きなカテゴリーからなる行動が含まれる。ひとつは、クライアントが向上させたいと思っている仕事や職務、またはスキルを練習すること。もうひとつは、その練習の間に、クライアントがどれくらいうまくこなしたかについて「成果やデータを集める」こと。

ここで言う「成果」とは、実施内容についての情報である。それらは、クライアントの自己評

価やコーチの観察、第三者からのフィードバック、またはレポートや、何らかの具体的な成果物などをとおして集めていく。

◎コーチのするべきこと

クライアントはこの段階で、自分のスキルや知識を活用する。ここでは、ふたつの選択肢がある。クライアントがそれを実際に行うか、またはコーチがシミュレーションの場面を用意するかだ。

どちらの選択肢にもメリットがあるが、もし可能なら、クライアントに「本物の」場面でそれを行ってもらうほうがよい。その場合、コーチが仕事ぶりを観察してもいいし、またはクライアントが、その後からコーチに報告してもいい。

スキルを実地に応用することが主眼であるならば、そのスキルを活用する機会を作らなければならない。クライアントが、その知識、スキル、または態度を実演することで、自分の仕事を反省し、次に行うべきことを見抜けるようになる。

実際に取りかかる前に、コーチとクライアントは以下のことを行う必要がある。

練習の前に行っておくべきこと

●クライアントの普段の仕事に含まれていないなら、練習の場面を用意する。
●できる限り自然に練習するにはどうすればいいか話し合う。
●クライアントが、そこから何を学びたいと思っているのかを考える。
●練習中に、クライアントが、どのような手助けやサポートを求めているのかを考慮する。クライアントがコーチに介入（観察、または参加）してもらいたいポイントを、はっきりさせておく。
●リスクを予測する。この段階でこれを間違えたらどうなるだろうか、どんな結果が待っているか、たとえ間違えても取り返しのつかない結果にならないものは何だろうか？
●練習の始まりの時点と終わりの時点をはっきり決める。クライアントの日々の仕事に含まれる場合は、始まりと終わりを決めておくことは特に重要だ。
●評価する時期と方法を決める。練習のすぐ後か、しばらくたってからか、またはその両方か。

◎シミュレーションか、実地か？

決定する基準は、実際の場面で練習するのが、クライアントにとって適切かどうかという判断

だ。たいていの場合、クライアントはそれを実際の場面で行った経験がある。コーチングの関係が終わる前に、クライアントはシミュレーションではなく、実際の場面で行う必要がある。その結果によって、コーチは、相手が目標を達成できたかどうかを判断することとなる。

特にコーチングの初期の段階では、シミュレーションによる練習を採用したくなることが多い。シミュレーションか、実地に行うかを決めるには、クライアントとともに以下の事柄について考えるとよい。

シミュレーションか、実地かを判断する質問

- 実地に行う機会はありますか？　それを行う機会が、コーチングの期間中に自然にやってくるでしょうか？
- 失敗は何を意味するでしょうか？　同僚の信頼を失うようなことになるでしょうか？
- 「実地で行う」ための、十分な自信と経験があるでしょうか？

◎実際の場面で練習する

現実の場面の経験は、シミュレーションよりも効果的な学習成果につながる。実際の場面であ

る仕事を行うときは、環境や状況をコントロールするのが不可能であり、そのため生の経験を積むことができるからだ。実際の場面で練習するときは、以下のことを考慮する。

実際の場面で練習する際に考慮すべきこと

- コーチングのこの段階で、どの部分の経験を積むことが重要か？
- コーチが観察する必要があるか？
- 練習の結果が望んでいたような成果を提供してくれなかったら、コーチはどうするか？
- ミスや、予期せぬ出来事への対処方法について、双方でどのような合意に達しているか？　コーチもその場にいる場合、クライアントは、コーチに介入してもらいたいのか？
- 関係する他の人々に、コーチングの一環として行っていることを説明するか？

◎シミュレーションで練習する

シミュレーションとは、コントロールできる状況の中で現実に似せた場面を作り出すことだ。適切な時期に、実際の場面を観察したり、実際の場面を整えたりするのが不可能なとき、シミュレーションを用いることになる。

シミュレーションは、失敗が深刻な損害を引き起こすと予想される場合に有効だ。たとえば、カウンセリングや人命救助などがそれに当たる。シミュレーションは安全な環境を提供し、クライアントはその環境の中で、結果を恐れることなしに、行動したり話し合ったりできる。

現実の成果が伴わないことは、評価を行うときに考慮に入れるべきである。たとえば人命救助の訓練で、相手を死なせてしまうかもしれないという恐怖を感じていなければ、実際に行うときの状況を完全に理解することはできない。

すべてのシミュレーションが独特である。すべての状況に当てはまる指針を提供するのは不可能だ。しかし一般的に、シミュレーションの場面を作るときは、以下の要素を考慮するといい。

シミュレーションの際に考慮すべきこと

- どんな準備が必要か？
- どんな人に参加してもらう必要があるか？
- どこでシミュレーションを行うか？
- どのようにシミュレーションの場面を作るか（参加者に事情を知らせるか）？
- シミュレーションに使える時間はどれくらいあるか？
- どのようにして現実に似せた状況を作り出すか？　どのようにして、「どうせ本物じゃない」

という反応を避けるか？

●このシミュレーションを何回くり返す必要があるか？　もし複数なら、違うバージョンはいくつ必要か？

◎データを集める

コーチングのこの時点での主眼は、できるだけ現実に即した状況で、実際に行うことにおかれるべきだ。そうすることによって、効果的な練習となりコーチングの効果もあがる。とはいえ、コーチもクライアントも、終了後に議論するための情報を集める必要がある。

ここで大切なのは、データの収集が練習の妨げにならないようにすることであり、そのためには、必要なデータとそれを収集する方法を考えておくといい。

すべてはコーチングの目的と関わっている。クライアントがどの水準を目指しているかが確認できていれば、そこからどんなデータを集めればいいかがわかる。コーチは、できる限り人目につかないようにデータを集める。複数の情報源があることが望ましい。

◎観察する

観察とは、クライアントがある仕事や活動を実施するのを見ることであり、以下の三つの方法で行われる。

- ●コーチが観察する。
- ●コーチ以外の人物が観察者の役割を担う。
- ●クライアントを撮影する（または、録音する）。

コーチングの目的を達成するのに観察が最善の方法かどうかを判断するには、以下のことを考慮する。

観察を行うかどうかの判断基準

●**観察が適切かどうか**…コーチが観察しようとしていることは、どの程度内密にする必要があるのか。たとえば、カウンセリングに同席することは適切なのか？　コーチがその場にいることで、それが「本物の経験」ではなくなってしまうかどうか。クライアントはコーチの存在を喜

ぶかもしれないが、他の人は違うかもしれない。どんな場合でも、他人に「既成事実」を突きつけるべきではない。観察を行うときは、他の人の同意を取りつける必要がある。

●**環境**…コーチが観察を行う場所はあるか？　また、それは安全か？　たとえば、クライアントが専門の機械を動かしている場合、それを観察するのは現実的でない。あなたは、その仕事が行われる場所に適切な装備、たとえば目立つ服や安全器具を準備できるだろうか？

●**時間**…観察しようとしている仕事が、数日を要するという場合もある。または、コーチングに割り当てられる時間が限られている場合（たとえば、コーチに時間外の報酬を払う場合、またはコーチが職場から出られる時間が決まっている場合）、割り当てられた時間はコーチングの見直しなどに使ったほうがいい。

●**コーチが、黙って観察できるかどうか**…コーチは、すぐに介入したり代わりに行ったりするタイプだろうか？

ある出来事を観察し、そこで見聞きしたことすべてを記憶できる人はほとんどいない。そこで、主観的になることを避けるために、メモを取ることが必要になる。

人が何かを観察するとき、見たことを解釈したり、そこで起こっていると自分が知覚したことを描写するのが自然な反応だ。たとえば、誰かが叫んでいるのを聞くと、その人は怒っていて攻

撃的になっていると描写する。私たちは、「自分がああいうことをするのは、こういう理由があるからだ」、または「私の経験では、人があいうことをするのはこういうときだ」という判断に基づき、人の行動を「解釈」する。

しかし先ほどの例で考えると、叫んでいる人はもしかしたら、相手が遠くにいるから大声を出しているのかもしれないし、または興奮して叫んでいるのかもしれない。

客観性を保ち、実際に見聞きした「事実」に基づいて判断しなければならない。先ほどの叫んでいる人の例で言えば、「その人の声が大きくなった」ということだけが客観的な事実だ。

効果的な観察のヒント

- コーチは何を見ようとしているか、クライアントは何を見てほしいと思っているのかを、双方で話し合う。
- 評価基準を、ノートの片側に列挙する。それぞれのポイントについて、クライアントが実際に言ったことや行ったことを反対側に書く。
- 観察の最中に、とくに注目すべき事柄について考え、それを書く。

—コーチは何を期待しているか？

—見たくないものは何か？

●この段階で、解釈や直感は避けること。ここで注意すべきは、「何が」起こっているかであり、「なぜ」起こっているかではない。「なぜ」については、後でクライアントとともに話し合う。

●何かが起こった理由がわかると確信できる場合、備忘録として自分の考えを記録しておく。ここで注意しなければならないのは、それが別の出来事の印象に色をつけたり、残りの観察に影響を与えたりするのを避けることだ。それを注意しないと、自分の推測を裏付けるものだけを見ることになってしまう。同様に、後でクライアントとともに仕事の反省をするときは、相手に自分の言動の理由を説明してもらうこと。相手の態度に対する自分の解釈が正しいと、決めつけてはいけない。

●活動が始まった時間を記録し、「めぼしい出来事」があるたびにその時間を記録する。活動が終わった時間も記録する。こうしておけば、後でクライアントと一緒にメモの内容について話し合うときに、ある物事を行うのに要した時間を説明したり、行動パターンを読み取ることができ、そして、何かがいつ起こったか、また起こらなかったかについて、意見の相違を避けることができる。

●他の人も参加する場面を観察するときは、クライアントに対するそれらの人々の反応や応答を記録できる欄を作っておく。

●コーチはメモを他の人々に見えないようにする。

●紙をたくさん用意しておく。そしてテーブルや台がない場合は、クリップボードを持っていく。

◎観察の影響

コーチは、観察されることによって、普段よりもパフォーマンスが向上したり、または後退したりする人がいることを、忘れてはならない。観察することによる影響は、観察を重ねるほど、そしてクライアントとの人間関係が確立するほど、小さくなっていくだろう（もちろん、関係が前向きに発展している場合に限る）。

この現象は、「ホーソーン効果」として知られる。元々は工場の中で行われた一連の実験によって実証されたものだ。研究の結果、労働者をただ観察するだけで、彼らのパフォーマンスに変化が出ることがわかったのだ。その変化は、いいほうに出ることもあれば、悪いほうに出ることもある。

もうひとつ考慮すべき点は、普段どおりに振る舞うのではなく、コーチの期待どおりに振る舞おうとして「演技」をする人もいるということだ。加えて、コーチの存在が、その仕事に参加している他の人々にも影響を与えるかもしれないということも、忘れてはいけない。

コーチが与える影響は、批判をするために観察しているのではないことをクライアントに事前に納得してもらえば、軽減することができる。観察は情報を集めるためのひとつの道具であり、そこで集めた情報について、コーチとクライアントが後で話し合う。クライアントに対しては、誰かが危険な目にあわない限り、間違いをしてもかまわないことを強調しておく。

コーチはまた、その活動に参加する他の人々に対して、自分が観察する目的は何なのか、どのように観察を行うかを具体的に説明し、彼らにできる限り普段どおりに振る舞ってもらう必要がある。最後に、自分の存在をできるだけ目立たせないように心がける。できる限り人目につかず、しかしこちらからの視界は確保できる場所にいて、背景に溶け込むよう最善を尽くす。

◎介入——いつ、どのようにして

人は自分の間違いから学ぶものだ。それゆえコーチは、クライアントを間違いから守ろうとしてはいけない。助けることと、代わりに行うことは、まったく違う。人が苦労するのをただ見ているのはたしかにやきもきするが、そこで手を出して、「違う、そうじゃない。私がやろう」と言いたくなる誘惑に勝たなくてはならない。

コーチが介入すべきとき

●クライアントが、自分自身を傷つけようとしている（肉体的、または精神的に）。
●クライアントが、他人を傷つけようとしている（肉体的、または精神的に）。
●クライアントが、ビジネスや組織を何らかの形で危険にさらそうとしている。

クライアントがある態度の改善に取り組んでいて、すぐにフィードバックをもらいたいと思っている場合は、その態度が出た時点でコーチが介入することを、事前の話し合いで決めておくことも必要になるだろう。

以下に、介入するときに使える言葉の例をあげる。

介入の言葉

●そこでいったんやめてください。先に進む前に今のことを話し合う必要があります。
●そこまで！（危険な状況でのみ用いる）
●それをする前に、どんな結果を望んでいるか教えてください。
●これが起こったら指摘してくれと言われていましたので……。
●たった今したことは、前に話し合ったことの実例ですね。

他の誰かに観察をしてもらう場合もある。コーチ自身が練習に参加しなければならない場合や、コーチがその場にいられない場合に、この方法がとても役に立つ。この場合でも同じ指針が当てはまり、観察者の候補とともに、事前に指針を確認し合っておいたほうがいい。

映像や音声を記録することは、自分が参加できない場合、または仕事の性質によっては参加することが適切でない場合（たとえばコーチがいることでクライアントと他の人の関係に影響が出る場合）に、とても有効な方法だ。

すべての参加者が、撮影されること、または録音されることに同意しなければならない。そして、そのテープをどのように利用するかについても、事前にきちんと知らせておく必要がある。

他のメリットとしては、ある特定の行動を吟味するために、テープを何度も再生できることがあげられる。しかしながら欠点もある。それは人はたいてい撮影されることを嫌うものであり、そのためパフォーマンスに悪影響が出る可能性があることだ。音声テープには何が起こっているかを見られないという欠点があるため、それを用いるのは、電話のかけ方をコーチングするときや、その他の言葉以外の態度が含まれない状況にするのが望ましい。

◎第三者からフィードバックを得る

第三者のフィードバックは、クライアントにとって非常に有益なものである。第三者はクライアントの態度に対してどのように反応したか、そしてそれにはどんな影響があったか？　第三者のフィードバックは、コーチを介在するのではなく、第三者からクライアントに直接与えられなければならない。

人を介して与えられるフィードバックは、たいていの場合、その過程で内容が省略されたり、誤解されたりする。それにフィードバックを受け取る人が、直接本人に確認することもできなければ、さらに詳しく訊ねることもできない。

コーチは、クライアントがフィードバックを手に入れるのを手助けしたり、または第三者がフィードバックを与える方法を考える手助けをする必要がある。

クライアントがフィードバックを求めるのを手助けするには、二人でその状況のロールプレイを行う、またはクライアントがフィードバックを頼む人物と話し合うための、質問表を作る手助けをするという方法もある。第三者がフィードバックを与えるのを嫌がったら、フィードバックを与える際の指針を提供することも必要だ。

後でフィードバックを求めることを、第三者に前もって知らせておいたほうがいいかについては、意見が分かれる。前もって知らせておけば、その第三者はあなたの質問に対する心の準備ができる。しかし一方で、その第三者は、クライアントのパフォーマンスを評価するのに忙しく、自分の仕事に影響が出るかもしれない。

◎アウトプットのデータ

アウトプットとは、ある仕事が終わったときに、物理的に目に見える結果である。ほとんどの仕事は、何らかの形でアウトプットを持つ。それはレポートかもしれないし、またはケーキやレンガの壁のような形のある物体かもしれない。コーチはアウトプットのコピーかサンプルを必ずもらうようにし、それを基準に照らし合わせてパフォーマンスを評価するときに利用する。

◎失敗の原因

1 計画した活動が起こらなかった

その理由は、他の誰かがキャンセルした、ビジネス上の必要がなくなった、または予期せぬ状

況に陥った、などが考えられる。こうなった場合、そこでコーチはもう一度手配をするか、またはそれが実際的でなかったら、シミュレーションを視野に入れる。また、計画した行動と別の行動に変えることも、考慮に入れる必要があるかもしれない。

2　実際に行ってみたら、そこに含まれると予想していたものが含まれなかった

活動が予想をしていなかった展開になったのかもしれないし、または予想に反してあるスキルを活用する機会が訪れない場合もある。

しかしこれは、なぜ物事が予想どおりに運ばなかったのか、そのような事態から何を学べるかについて話し合う、絶好のチャンスだ。改めて考えてみれば、これは計画の段階で避けられた事態なのかもしれない。

3　すべてが計画どおりに進んだが、仕事ぶりがあまりにもお粗末だった、またはとても嫌な思いをして、クライアントの自信がこなごなになった

この状況で、コーチはすぐに分析を始めてはいけない。クライアントは心の準備ができていないだろうし、またその経験について前向きな気持ちを持つこともできないだろう。今は、相手を「抱きしめて」あげるときだ。励まし、元気づけて、相手に自信を取りもどさせる。

クライアントに、話し合う準備ができたら言ってほしいと伝えておく。そしていざ相手の準備ができたら、その経験を振り返るのにそんなに時間は必要ないと判断するかもしれないが、それでも「今度同じことをするときは、どこを違う方法で行うか?」という問題についてはきちんと考える。そうすれば、嫌なことを思い出さずにすみ、そして未来に向かって前向きに考えられる。相手に心の準備ができるまで失敗については話さないという原則を静かに守りながら、そのまま計画どおりにコーチングを続けることができる。物事に対処する方法は人によって異なり、話し合いや分析を主張するのはコーチの仕事ではない。

06

・第5段階：自己評価とフィードバックをもとにパフォーマンス向上の計画を立てる

この段階の終わりに、以下の成果が上がっている。

●クライアントの長所、および成長ニーズの詳細リスト。
●クライアントが、次の機会に他の方法で行うための計画。

この段階で行うのは、実際にどんなことが起こったか、どうすれば次の機会にはもっとうまくやることができるか、をクライアントと話し合うことだ。クライアントが経験したことについて話し合い、その経験を基盤にしてパフォーマンスを向上させる方法を考える。

この段階で、鍵となる情報は以下のとおりだ。

パフォーマンス向上への鍵となる情報

●自分のパフォーマンスについて、クライアントはどう考えているか。
●コーチの観察した事実。
●第三者による観察とコメント。顧客、上司や同僚から、クライアント自身が情報を集める。
●成果と目標、評価基準との比較。

◎コーチのするべきこと

この段階で、クライアントが不安を感じはじめる場合がある。コーチに批判される、または弱点を告白させられると感じることがあるのだ。そのため、コーチングセッションの最初に目的を確認し、それらの不安を克服する必要がある。

コーチは、このセッションの目的は、今までの出来事を見直すことによって、目標にどれくらい近づいているかを評価することだと伝える。正しく評価するためには、クライアントが心を開いて正直になり、成果について話し合う意思を持っている必要がある。コーチの目的は支援することであり、批判や判断をすることではないと、クライアントに再度伝えておくといい。

ここでの主眼は、実際のパフォーマンスと、目標とするパフォーマンスのレベルと比べることだ。そのためには、コーチングの目的を振り返り、それぞれの目標に即して評価することが重要である。

クライアントをリラックスさせるためのヒント

- どちらの仕事場でもない〝中立地帯〟でコーチングセッションを行う。
- 長引いた場合に備えて、十分に時間を確保しておく。
- 全意識をクライアントに集中させる。日々の雑事など、余計なことは考えない。
- オープンクエスチョンを使い、会話を促す。
- コーチ自身のボディーランゲージや声の調子に注意する。
- 居心地のいい環境を用意する（部屋の温度、照明、椅子、軽食や飲み物）。

この段階でのコーチの役割は、クライアントが自分のパフォーマンスを自己評価するよう、クライアントに促すことだ。そこで、質問する、傾聴する、励ます、観察する、フィードバックする——などの、コーチングのスキルを活用しながらセッションを前進させる。

このコーチングセッションには、三つのステップがある。

評価のためのコーチングセッション

●第1ステップ　クライアントの練習中に起きた「事実」を振り返り、示唆する意味を考える。

●第2ステップ　物事がなぜそのような形で起こったのかを考え、いくつかの仮説を立てる。

●第3ステップ　違う方法があったかどうか話し合う。他の方法で行ったらどんなメリットがあったか、くり返すべき行動は何かについて考える。

◎最初に行うこと——自己評価か、それともフィードバックか？

「自己評価」とは、自分自身のパフォーマンスをできる限り客観的に振り返る技術である。うまくいったこと、難しかったことなどを振り返り、次回はどんな方法で行うかを考える。

「フィードバック」とは、第三者が、その人自身が見聞きしたこと、それが与えた影響、将来の期待を伝える。

ここで問題となるのは、クライアントが自己評価を先に行って、それからコーチがフィードバックするのか、それともコーチからのフィードバックを先にするのか、ということである。この

問題について、ほとんどのコーチングの本では、クライアントの自己評価を先にすることを推奨している。その根拠は、自己評価を先に行うことで、他人の評価を積極的に聞こうとする姿勢が生まれる、という点にあるようだ。

自分の間違いは、他人に指摘されるよりも自分で気づいたほうがいい。自分で失敗を発見すれば、自分の失敗として責任を持ち、その結果間違いを正す可能性も高くなる。一方で他人に指摘されると、言い訳がましくなり、それまでのやり方にこだわる可能性が高くなる。

自己評価の大切さについては異論はないだろう。しかしながら現代社会では、他者からの評価を頼りに自分の価値を決める風潮がある。子供のころの先生からの「よくできました」という言葉はたいていの場合、「自分はよくできた」という気持ちよりも、大きな意味を持つ。大人になってからも、自分ではよくできたと思っていても、他人の反応にがっかりすることは少なくない。

ときには、正反対の経験をすることもある。自分では大したことがないと思っていたら、他人からは絶賛されたような出来事だ。実際問題、私たちは他人の評価を知りたいと願い、それまでは正直な自己評価ができないこともある。他の人に賛成してもらえないのではと心配しているときに、正直に自分の考えを話すのはとても難しい。

私たちが出した結論は、ふたつの選択肢があるということだ。選択肢のひとつは、コーチが先に大まかなフィードバックをしてから、次にクライアントが自己評価するという方法だ。たとえば、こんなふうに――。

「全体的に、とてもよくできたと思う。計画したことはほとんど実行できた。あなたの考えはどうだろう？」

第二の選択肢は、評価をどのように進めるのかを、クライアントに選んでもらうことだ。

「評価についてあなた自身の考えを聞きたいと思う。私からもフィードバックしたい。あなたは、どういう順番で進めたいですか？」

コーチが伝えたいことがあるのに、クライアントの自己評価を先にすると、問題がうやむやになったり、望んでいた話し合いの基盤が確立できなかったりすることがある。たとえば、結果が思わしくないのにクライアントの自己評価は「すべてうまくいった」だった場合、フィードバックを先に与えていれば、それは避けられるかもしれない。

それ以外にも、コーチが「他の方法でできたかもしれないことは何でしょうか？」と訊ねたと

き、クライアントからの答えが、コーチが望む答えではなかったという場合もある。そこでコーチは、「他に何かないでしょうか?」と質問したくなる。その質問によってクライアントは、コーチには何か考えがあり、それを自分に考えさせようとしていると感じるかもしれない。

基本的に、コーチがどんな手法を取るかは、関係する人々とそのときの状況によって決められる。コーチはただ、何がクライアントの支援となるのかを真剣に考えればいい。それが私たちからのアドバイスだ。

◎フィードバックする

フィードバックとは、言い換えれば「建設的な批評」のことである。それは、ほめ言葉の場合もあるし、向上の余地がある箇所の指摘の場合もある。どんな言葉を用いるにせよ、フィードバックの動機は、相手の成長を助けることでなくてはならない。フィードバックを行うときには、自分が与えようとしているフィードバックについてよく考え、以下のふたつの質問を自問するべきだ。

フィードバックする人が自問するべき質問

- 私はなぜフィードバックを行うのだろうか?
- フィードバックは相手をどのように支援するものだろうか?

ここでフィードバックする際に、考慮すべき要素のリストをあげる。

フィードバックの際の留意点

- その人の「行動」に注目する。
- フィードバックは「行動」について行うべきだ。「行動」ならば、その人の意思で変えることができるからだ。
- 具体的にする。
- できる限り早く行う。
- 意思を明確に伝える。
- 否定的フィードバックと同じくらい、肯定的フィードバックを行う。
- フィードバックによって、相手に負担をかけすぎないようにする。

フィードバックする前に、相手の立場になって考えて、反応を予想することも大切だ。相手は何と言うだろうか？　そうすることでこれから起こることに対して準備もできる。

フィードバックのモデル

①観察した事実を伝える

相手の性格ではなく、行動とパフォーマンスに焦点をおく。どの態度や状況について言っているのか、具体的にはっきりわかるようにする。

②観察結果の評価を説明する

そのためには、以下の質問を自問する必要がある。「その行動は、関係する人々やその場の状況に、どのような影響を与えただろう？」コーチは、その影響が、なぜよかったのか、なぜ悪かったのかを、説明する必要がある。

③この先とるべき選択肢の必要を告げる

向上や変化のために、またはよいものを維持するために、どんな選択肢があるかを話し合う。

◎フィードバックを受ける

フィードバックが難しい理由のひとつは、それがどのように受け取られるかわからないからだ。コーチはクライアントに、フィードバックの受け取り方について、いくつかのコツを教える必要がある。そしてコーチ自身も、フィードバックを受ける準備をしておく必要がある。

コーチングは双方向のプロセスだ。クライアントがコーチの仕事ぶりについて、意見を言いたい場合もある。コーチは自身の評価基準となる情報を積極的に求めるべきである。

コーチがフィードバックを求めない理由

●あくまでクライアントが中心であるべきで、コーチにはフィードバックを求める権利はないと考えている。
●コーチは教師の役割なので、フィードバックを求めるのは適切でないと信じている。
●自分の能力に自信がなく、そのため否定的な意見を聞きたくない。

以上は、もっともな理由である。しかしパフォーマンスを向上させることがコーチングの原理であり、それゆえ、コーチ自身がまずお手本を見せなければならない。

フィードバックを受ける際のモデル

①聞く

相手が流れるように話しているときに、話を遮らない。そして、話の内容に注意深く耳を傾ける。ほとんどが、あなたの成長を促す情報のはずだ。

●相づちの例　「なるほど……はい、分かりました」

②自分の理解度をチェックする

相手の話が終わったら、自分が相手の話を正しく理解したかどうか確認する。それには、別の言葉に言い換えるとよい。

●相づちの例　「つまり、こういうことでしょうか……」

③自己弁護に走らない

前向きなフィードバックだとしても、受け入れるのは難しい。厳しいフィードバックなら、なおさら無視したくなるものだ。自分の感情をコントロールしよう。

●相づちの例　「ありがとう。……についてそんなふうに言ってくれた人は初めてだ」

④実例をあげてもらう

あなたにフィードバックする人は、適切なフィードバックのルールを知らないかもしれない。フィードバックの質を向上させるのをためらう必要はない。

●相づちの例　「私がいつ、どのように、……したのでしょうか？」

⑤フィードバックをどのように受け入れるかを決める

フィードバックを受け入れて、自分の行動を変えることもできるし、フィードバックを拒否し、それまでどおりに続けることもできる。ここでは、フィードバックした人への、感情や判断が、影響力を持つ。また、相手がフィードバックを与える動機について、あなたがどう考えているかも影響していることに留意する必要がある。

【フィードバック利用方法の選択肢】

(1)話を聞き、そして変わろうと努力する。

(2)さらに情報を集める努力をする。

(3)話を聞き、そして無視する。

⑥過去の経験と関連づける

過去に似たようなことがなかったか、記憶を探る。相手をいらいらさせたり、困らせたことはなかっただろうか？　このフィードバックはあるパターンに当てはまっていないだろうか？

⑦フィードバックをチェックする

その場に同席していた第三者のところへ行き、彼らが観察した事実や彼らが感じたことが、フィードバックを与えた人のそれと一致するかどうかを確認する。ここであなたは、相手がただ「言いがかり」をつけていただけなのかどうか判断できる。

⑧フィードバックしてくれたことを相手に感謝し、自分がどう感じたかを相手に伝える

建設的な方法でフィードバックを行うのは難しい。特に否定的なフィードバックの場合はなおさらだ。相手にとっても、辛い経験だったのかもしれないことは認識しておいたほうがいい。

●感謝の例　◯「ミーティングでの私の言葉の選び方について、指摘してくれてありがとう。傷ついた人がいたことに気づかず、その場で問題を終了させることができなかったのは、とても申し訳ない。あなたのフィードバックを、同じくその場にいたミッキーにも聞いてもらい、それからシステムデザイナーたちへの対応を考えたいと思う」

◎フィードバック後の、相手の反応に対処する

フィードバックをしたところ、クライアントが気分を害してしまったとする。コーチはどうすればいいだろう？

コーチは、フィードバック前に、相手の反応を予想しておくべきだ。理想をいえば、相手についての知識をもとに、対処法を考えておくのが望ましい。

そうした準備をしていなかったら、または準備をしていた方法に効果がなかったら、コーチがまず最初にすべきは、落ち着いて「意識を集中する」ことだ。つまり、まずは自分の感情をコントロールする必要がある。

そして、自分が達成しようとしていることを思い出そう。コーチングの目的は何だっただろう？　フィードバックは、事実に基づいているのであり、単なるお節介ではない。それならばもう一度、フィードバックの質に自信を持つべきだ。腹を立てた買い物客が店員の一人に当たり散らすのと同じように、クライアントは、あなたという人格ではなく、あなたが言ったことに反応しているだけなのだ。クライアントが自分の行動そのものに反応している場合さえある。言い争いに巻き込まれてはいけない。自分を見失わないことだ。

自分自身をコントロールできたら、そこでクライアントの態度に対処することを考える。一歩身を引き、言い争いのきっかけになりそうな言葉、たとえば「いや、あなたはそれをした」「いいえ、私はそんなことはしていない」などを言わないようにする。

ただ相手のしていることを客観的に伝え、それがコーチ、またはフィードバックのプロセス、またはその両方に、どのような影響を与えているかを話す。この時点で、以下のような表現が役に立つだろう。

フィードバックに相手が腹を立てている場合の表現例

- あなたは気分を害しているように、私には見えるのですが
- まるで私があら探しをしていると思われているようですね
- あなたは叫ぶように大声になっています。それはやめてください
- このことに対してとても強い感情を持っているように感じます。そのことについて話せませんか？　ここで言い争いにならないことは、私にとってとても大切なのです
- 私は、自分が見たとおりに説明したいと考えています
- 今どんなことを感じているか、今何を考えているかを、私に話してください

相手の反応に対処したら、このまま続けるか、それとも日を改めるかを、クライアントとともに決める。

◎自己評価

自己評価の目的は、クライアントに自分のパフォーマンスや態度を振り返ってもらうことだ。これを客観的に行ってもらいたいわけだが、ここで大切なのは、直感を頼りに考えてもらうことだ。自分自身と客観的に向き合うのは、誰にとっても簡単なことではない。

誰でも何らかの自己評価を行っている。問題は、自己評価の結果をどう扱うかということだ。「ここから何が学べるだろう?」と考え、前に進むか、それとも自分の失敗をいつまでもくよくよと悩み、まともに考えることもできなくなってしまうか。違いは、どこを見ているかだ。コーチの役割は、クライアントを、望んだ結果に到達するまで前に進むよう励ますことだ。

クライアントに自己評価を促す方法はたくさんある。中でもシンプルで率直な方法は、以下のような一連の質問をすることだ。

自己評価を促す質問

- 何が起こったのですか?
- その中のどの部分がよかったと思いますか?
- その中のどの部分が悪かったのですか?
- それは、なぜよかった（または悪かった）のですか?
- 次回もくり返したいことは何ですか?
- 次回は避けたいことは何ですか?
- どのようにそれを行いますか?

理想としては、クライアント自身が、以上の質問について考えたうえで、答えについてコーチと一緒に話し合うとよいだろう。しかし言うまでもないが、物事は理想どおりに運ばないものだ。コーチは質問をして、相手に答えを促す必要がある。

◎学習記録による自己評価

もうひとつの方法としては「学習記録」を使うという方法がある。学習記録は、振り返りを支

援する道具だ。その日の出来事を、その日のうちに学習記録につけることは、とても大切である。「学習記録」の項目の一例をあげた。これは、ひとつの例にすぎない。それぞれ好みのスタイルでいい。カセットテープやビデオカメラを用いて、学習を記録するという方法もある。

コーチの観察ノートの形式と似ていれば、ミーティングのときにお互いのノートを比べて話し合うのが容易になる。

学習記録の項目例

●どんなことがあったか?
●ここから学ぶべきポイントは?
●この経験は、他の出来事とどのように関係しているか?
●将来どう役立つか?　どう利用することができるか?
●今後、学習する必要があること
●その他留意すべき点

◎第三者のフィードバック

第三者のフィードバックはコーチから伝えないほうがいいことはすでに述べた。第三者のフィードバックが必要なら、クライアント自身にそれを集めてもらうようにする。しかし、クライアントが集めたフィードバックについて、話し合う必要はあるだろう。

たとえば、こんな場面を想像してみよう。クライアントはうまくできたと思っているのに、顧客や同僚はそうは思わなかった。正しいのはどちらだろう？　もしかしたら、顧客や同僚の評価基準が違うのかもしれない。この場合、どちらが正しいわけでもなく、どちらが間違っているわけでもない。

大切なのは、なぜ違いが存在するのかについて話し合うことだ。クライアントがうまくできたと考える理由を話し合い、事実をもう一度確認する。ここでコーチは、本当に起こったことを知るために、さらに深く探るための質問をする必要がある。

◎パフォーマンス向上のための計画

ここでコーチは、振り返りの結果をまとめ、「何を意味するのか？」について考える。元々の

目的をリストにし、その横に観察された証拠を並べ、基準を満たしたところ、満たさなかったところ、そしてギャップがどれくらいあるかを確認する。

この分析の結果、「うまくいったこと」「望んだ結果にならなかったこと」のリストが、手に入る。このリストは、とても貴重な財産だ。なぜならそれは、クライアントがどれくらい目的の達成に近づいていたかを知らせ、これからクライアントがすべきことを教えてくれるからだ。

コーチは、すべてのギャップを明らかにし、それを埋める方法を考える必要がある。また、うまくいったことにも注目し、そのパフォーマンスを維持する方法も考える必要がある。そして、そこからひとつの計画を作る。クライアントが、次にその仕事を行うときにするべきことの計画を立てるのだ。

この段階で大切なのは独創性だ。すべての制限を外して考え、アイデアを生み出す。そして、目標を達成するために、可能な道はすべて検討する。

ここでのコーチの役割は以下のとおりだ。

クライアントの計画立案におけるコーチの役割

● 創造性を刺激する。

●アイデアの良し悪しを判断しない。
●すべてのアイデアを紙に書かせる。

◎アイデアを促す

コーチの仕事は、クライアントにアイデアを出すよう促し、この段階でアイデアの取捨選択をさせないようにすることだ。そのためにはコーチ自身も、正しい答えと間違った答えがあるという考えを捨てる必要がある。

そのため、オープンクエスチョンで、ときには難しい質問をすることが必要になる。以下に例をあげる。

アイデアを促すオープンクエスチョン

●何ができましたか？
●今回しなかったことはありますか？
●他にできたことは何がありますか？
●他にどんな選択肢がありましたか？

● 次回にそれをしないとしたら、他に何ができるでしょうか？
● 何をしておけばよかったと思いますか？

この段階でクライアント自身が、前に進むにはあるひとつの方法しかないと決めつけたら、それを止めるのはコーチの役目だ。選別の段階は、もっと後にするべきだ。

相手が何も思いつかない場合があるかもしれない。あるいは、自分のパフォーマンスには満足していないが、それを変えるための選択肢が思いつかないということもある。その場合、成果をもう一度見直す必要があるだろう。

「これがあなたがしたことで、これがその結果だ。それについてどう感じるだろう？」

それを考えることで、クライアントは他の選択肢を見つけることができるかもしれない。コーチからアイデアや選択肢を与える必要が出てくることもある。その場合は、自分の解決策こそが正しいという印象を与えないように注意すること。以下のような言い方を勧める。

「ひとつの選択肢としては……」

または、

「もし……をしたら、どうなるだろう？」

または、

「他の人にとっては、……が効果があった」

思いつく限りの選択肢を考え出したら、コーチとクライアントは、コーチングの計画を修正する。実質的に、これはコーチングプロセスの第3段階に戻り、そしてすべての目的を達成するまで第4段階をくり返すことを意味する。

この段階で、すべての成長ニーズを満たしているかもしれない。つまりパフォーマンスのギャップがまったく存在しないという状態だ。その場合はコーチングの関係を終わりにする準備が整ったことになる。

◎クライアントが、コーチのフィードバックを快く思わなかった場合

ここで考えられる反応のひとつは、「否定」だ。否定とは「そんなことはない」、または「私はそんなではない」などの言葉で、現実を見るのを避けることだ。現実否定は、現実と向き合うよりも簡単なものだ。そうした否定的な状態にある人は、ある状況が存在することを認めない。

「言い訳」という反応も考えられる。自分以外の人や物事のせいにして、それらを非難する。「私の責任ではない」というわけだ。非難は、個人よりも組織に向けられることが多い。特に自分には状況を変えるだけの「権限」がないと感じている人に、その傾向が強い。

最後に、「ダチョウ症候群」の可能性も考えられる。ダチョウ症候群とは、砂の中に頭を隠し、見えないのだから問題は存在しないと考えることだ。これは「否定」ではない。なぜならダチョウ症候群には、何かしらの問題が起こっているという認識があるからだ。

こうした場合のコーチの役割は、クライアントが現実と対峙するのを助けることだ。たとえどんなに不快でも、現実をしっかり見つめなければならない。

そのためには、実際に起こったこととの証拠を見せ、真相を明らかにする質問をして、相手が現実から逃げられないようにする。これを行うときは、攻撃、涙、沈黙、またはコーチング関係の解消など、強い反応が返ってくることを覚悟しておかなくてはならない。

◎フィードバックへの反発に対処する

1 クライアントが建設的に反論したら

●話を聞き、事実を確認し、さらに情報を集める。
●フィードバックについて考える時間を与える。
●コーチも考えを変える意思を持つ。

2　クライアントが責任転嫁をしたら

●その理由を訊ねる。
●注意深く話を聞く。
●自信をつけるためにどんな支援が必要か訊ねる。

3　クライアントが冷静さを失ったら

●話を聞く。
●争わない。
●話し合いを打ち切り、後で再開する。

4　クライアントが受動的で、反応が鈍かったら

●なぜそのような態度をとるのか訊ねる。

●相手に話す機会を豊富に与える。
●相手の関心に注意する。
●コーチングの建設的な目的について、何度も説明する。
●オープンクエスチョンをたくさんする。

◎新しいトレーニングの必要性が明らかになった場合

コーチングの間に、クライアントに必要なのはむしろトレーニングであることが判明することがある。ここで、トレーニングとコーチングの定義について思い出そう。トレーニングは知識やスキルの面でギャップがある場合に用いるのに対し、コーチングは、十分な知識やスキルを背景に、パフォーマンスを向上させる場合に用いる。

具体例をもとに考えてみよう。たとえば、コーチングの目的がレポートを書けるようになることだとする。コーチングをとおして、レポートを書く能力はあるが、そのための情報集めの段階で他の人に不快な思いをさせてしまっていることが判明した。その場合、必要なのは対人スキルを向上させることだ。そのため別のトレーニング課題を設定する必要が出てくる。

新しいトレーニングやコーチングの必要性があると判断したら、以下のような選択肢がある。

トレーニングの必要が判明した場合の選択肢

①コーチングをやめ、トレーニングを開始する

コーチにトレーニングの能力もあるのなら、役目を変えて、足りない知識やスキルを教育する。

②コーチングの計画の中に、トレーニングを組み入れる

コーチがトレーニングを行うか、他の人に任せるかは判断する。

③第2段階に戻り、コーチングの目的や目標を再び確認する

新しい目的や目標が見つかった場合、コーチを続けるのは適切かどうか考える。

④コーチングの関係を終わりにする

07

●第6段階：コーチングの関係を終わりにする

コーチとクライアントの関係には、「始まりの地点」と「終わりの地点」があるべきだ。関係の終わりは、クライアントがコーチの支援なしでやっていけるようになったことを意味する。必ずしもクライアントの成長が完了している必要はない。

また、コーチングが終わっても、クライアントと何らかの関係が続くことも多い。マネジャーがコーチをした場合は、当然関係は続く。その場合も、コーチングの終わりの時点をはっきりさせておくことは大切だ。

この段階の終わりには、以下の成果が上がっている。

- ●コーチングプログラムの評価。
- ●あなた自身のコーチとしての成長計画。

◎コーチがするべきこと

すべての目標が達成されてはじめて、そこまでのコーチングプログラムを評価し、コーチとクライアントの関係を終わりにすることになる。評価の目的は、当初成長ニーズがあると考えて設定した目標を、すべて達成したかどうかを査定することだ。

それに加えてコーチは、コーチとしての評価を確認しておきたいところだ。コーチングの過程で使った見直しのテクニックのいくつかを、自分で使ってみるのもいいだろう。

ここで、あなたとクライアントは、コーチングの関係の終わりをはっきりと確認し、それを祝うことができる。

◎失敗の原因

クライアントが関係を終わりにしたがらない

コーチングの終わりをコーチに告げられて、クライアントが急に自信をなくすことがある。そこまではクライアントは、コーチとともに自信を持って進めてきた。しかしこの先はずっと一人だと考えて、怯えているのだ。クライアントが、自分自身のパフォーマンスの全責任を負うこと

を嫌がっているのだとしたら、コーチングを続けている限り、それを言い訳にすることができる。

コーチはここで、コーチングの関係を徐々に終わりにしていくか、それとも最初に言ったとおり、その場できっぱり終わりにするかを、決める必要がある。

08・第三者がコーチングのきっかけを作った場合

◎コーチがするべきこと

コーチとクライアント以外によって、コーチングを行うことが提案されることもある。その場合コーチは、いくつかのことを考慮する必要がある。たとえば、その第三者がコーチングにどれくらい関わりたいと考えているのか、そしてコーチは、どの程度の関わりを許容するか、といったことなどだ。さらに、コーチとクライアントの間の守秘義務の問題や、クライアントと第三者の課題のとらえ方が異なる可能性などもあげられる。

第三者からコーチングを持ちかけられた場合、コーチはその人物に、理由をはっきりと確認する必要がある。そのときに役に立つ質問の例を、以下にリストにする。

コーチングを提案する第三者への質問

●なぜコーチングが彼（彼女）のためになると考えたのですか？
●具体的に何が変わってほしいと考えているのですか？
●今よりも上達してもらいたいことは、どんなことですか？
●あなたはできると考えているけれど、彼（彼女）が実際に行っていないことはなんですか？
●コーチングによって、彼（彼女）はどのような成果が上げられると考えていますか？
●コーチングを考えるきっかけになった、具体的な出来事を説明してもらえますか？
●コーチングについて、彼（彼女）にはどんなことを話しましたか？
●他の方法ではなく、コーチングを選んだ理由は何ですか？
●コーチングの期間中、そして終了後に、あなたはどのようにサポートできますか？
●彼（彼女）が変化したら、それがあなたのチームや、周囲の人々に、どのような影響があると思いますか？
●コーチやクライアントから、どのようなフィードバックを受け取ることを望みますか？

その人物がコーチングを受ける候補に選ばれたことが、第三者からきちんと伝えられているかどうかを確認することは大切だ。その人物に「あなたにはコーチングが必要だ」と伝えるのは、

コーチであってはならない。それは第三者（たいていはマネジャー）の仕事であるべきだ。

現実には、マネジャーがこの仕事をコーチに任せようとすることもあるだろう。ここは、コーチングの準備段階で非常に重要な部分である。もし相手が、自分がコーチングを受ける候補になっていることを知らなかったとしたら、コーチとの最初の面談でどんな問題が起こるか想像してほしい。その場合コーチは、クライアントとの前に、クライアントの上司とのコミュニケーションが必要となるだろう。

◎コーチングの契約を確立する

コーチングの契約はたいていの場合、書面にして行う。あなたが企業内部のコーチでも、または外部から雇われたコーチでも、そこにはある種の倫理的問題がつきまとう。コーチは誰に責任を負うのか？

一面では、コーチがいちばん責任を負う相手は、クライアントだといえる。コーチはその人物と一対一でコーチングセッションを行い、場合によっては秘密を共有しながら、相手の信頼を得なければならない。

しかし、第三者にコーチングを依頼された場合、その人物に対して仕事の完成を請うことから、

その人物に対して説明責任が生じてしまう。逆に、第三者から聞いたことや、または企業の内部にいることで知り得た情報などの中に、クライアントに教えられない情報がある場合もある。

それぞれの状況で、どうするかを決めるのはコーチ次第だ。コーチ自身の価値観と、企業の文化、そしてあなたとクライアントの関係、あなたと第三者との関係の本質を考慮し、決める必要がある。

コーチングの契約には、以下の内容が含まれる。

コーチングの契約に含まれるもの

①目標についての同意

ここで大切な問題は、誰の目標のために働くかということだ。第三者から依頼を受けた場合でも、コーチングプロセスには、クライアントとともに「コーチングの必要性を分析すること」「コーチングの目標を決めること」が含まれている。そのため第三者から依頼を受けた場合、クライアント自身が考える目標と、第三者が達成してもらいたいと思っていることの間に、ある種の齟齬が生じる可能性がある。

コーチは、クライアントと依頼者の間に立ち、三人全員がコーチングプログラムの目標に同意できるように交渉、または調停することが役割となる。簡単に聞こえるかもしれないが、かなり

時間がかかる可能性もある。何度もミーティングを行い、そして結局はコーチングのキャンセルという結果に終わることもあるだろう。しかし、コーチングを成功させるためには、クライアントがコーチングの目標に完全に同意していなければならない。

②フィードバック

コーチが、第三者である依頼者にどのようなフィードバックをするかについては、契約の中できちんと決められていなければならない。多くの場合、上司やその他の関係者が求めるのは、クライアントの進捗状況についてのフィードバックである。

コーチには、依頼者に対してフィードバックを提供する義務がある。ここでの問題は、どのようなフィードバックを、どの程度詳細にするかということだ。これは最初の交渉の中で話し合われるべきであり、コーチングを開始する前に、三者で同意に達していなければならない。

クライアントには、コーチが誰にどのようなフィードバックを与えるか、事前にコーチから知らせておくべきだ。ここでのひとつの方法は、クライアント自身から依頼者に対してフィードバックすることだ。これはクライアントにとっても学ぶところが大きい。特にその依頼者がマネジャーである場合は、自分の進捗状況を直接話し合うことは重要である。

ときには、依頼者がコーチからフィードバックをもらいたいと考える場合もある。その場合、

各セッションの終わりで、コーチが依頼者に伝える内容を、クライアントとともに確認しておく。

③クライアントのためのサポート

クライアントはコーチングの間、そして終了後に職場に戻ったときにどのようなサポートを受けることができるだろうか。

クライアントが向上するためには、周りから励ましの言葉やほめ言葉をかけてもらうことが大切である。また、クライアントがある特定の業務を専門にしているのなら、コーチングの期間中や終わった後でも、同じ仕事を続けられるようにするべきだ。長年続けている習慣や仕事に関して、変化を起こすのは並大抵のことではない。変化は、周りの人の反応によって促進されることもあれば、阻害されることもある。依頼者と話すときに、クライアントへのどんなサポートが存在するかを見極め、その情報をクライアントに知らせる準備をする。

まとめると、第三者からコーチングの提案を受けたら、以下のステップに従う。

第三者からのコーチングの依頼の場合

①依頼者に会い、ニーズについて話し合う

依頼者のニーズは何か、そのニーズはどうやって見つけたか。そしてクライアントには、それらのニーズについて何を言ったか、それを満たすためにどんなプロセスが必要と言われたか。これは、第三者があなたに何を期待しているか、コーチングにどんな成果を期待しているかを知るチャンスだ。

②依頼者に対し、コーチングの具体的内容を明確にする

依頼者がコーチングに対して実際に何を望んでいるのか、具体的にわかっていないこともある。

③第三者がコーチングプログラムに参加するにあたっての、原則と基本ルールを明確にする

たとえば、あなたから第三者に与えるフィードバックの種類と中身について話し合う。

④クライアントに対して、依頼者がどのようなサポートができるか考える

たとえば、クライアントに個人的なサポートをしたり、コーチングの成果を練習する機会を提供したりする。そのために、クライアントの仕事を他の人に回すよう手配する場合もあるだろう。

以上をまとめ、コーチングの契約の中に盛り込む。もしそれが適切なら書面にする。

第 3 章

学習理論

Learning Theories

この章では、学習や成長に関する最近の理論のいくつかを、比較して論じていく。それらの理論をすでに知っている人もいるかもしれないが、それでも確認のため、または馴染みがなかった人には知ってもらうために、ここで論じていくことにした。

01・コンピテンス理論

コンピテンス理論では、学習には四つの段階があり、「無意識の無能」から「無意識の有能」の段階へと移行していくとされている。

1　無意識の無能

これは、自分が何かを知らないことに気づいていない状態、つまり「何がわからないのかわからない」という段階を表している。おそらくそれは、スキルや知識がまだほとんど必要がなく、そのために自分の無能に気づいていないということだろう。たとえば、小さな子供が車に乗っているとき、その子供はある場所から他の場所へと移動していることはわかっているが、自分に運転の知識がないことには気づいていない。そのため、自分の能力のなさに気づいていない。

2　意識的な無能

自分の能力のなさに気づいた状態。たいていの場合、ある物事が起こり、それに対処する欲求や必要が生じたときに、この段階に達する。「自分が何を知らないのか知っている」という状態だ。

先ほどの車の例に戻ろう。車の運転ができない十代の子供は、どこかへ行くたびに誰かに運転を頼まなければならず、自分の能力のなさを痛感する。

3　意識的な有能

意識的に有能な状態になるには、ある種の学習を経る必要がある。この段階では、たいていの場合記憶を頼りに、教えられたとおりにある物事を行う。それを行うすべての過程で、自分が何をしているか意識している。つまり「自分が何を知っているか知っている」状態だ。

車の運転の例に戻ろう。あなたが十七歳で、運転免許のテストに合格したとする。しばらくの間は、運転するたびに「ミラー確認、ウィンカー、発進」などと、いちいち考えるだろう。運転の仕方について、意識的に考えなければならない。

4　無意識の有能

この段階では、知識とスキルを頻繁に使用したことで、それがある種の「習慣」になり、何も考えずに、次の行動へと移れるようになる。すべて脳の無意識（または潜在意識）の中に蓄積されているからだ。「自分が何を知っているか知らない」状態になる。何年か車を運転していると、運転の過程を身体が覚えてしまう。たとえば、あなたが子供に運転を教えることになったとしよう。いつも自然に行っていることなので、どう説明していいかわからなくて困惑するはずだ。

02

・コルブの学習サイクル

学習するためには、実際に経験しなければならない。そしてその経験を思い出し、その意味を理解し、そして最終的に自分の理論を実生活に取り入れて、次に同じような状況になったときに活用できるようになる必要がある。それがコルブの理論だ。

経験から学ぶためには、学習サイクルを通過しなければならない。ときには、それを無意識のうちに行うこともある。正式な発展プロセス（トレーニング、コーチング、メンタリング、独学、など）では、四つの段階すべてを意識的に取り入れ、学習のプロセスを確実に最後まで遂行する必要がある。コルブの段階のひとつでも欠ければ、学習はそこで停止する。

Figure:3.1
コルブの学習サイクル

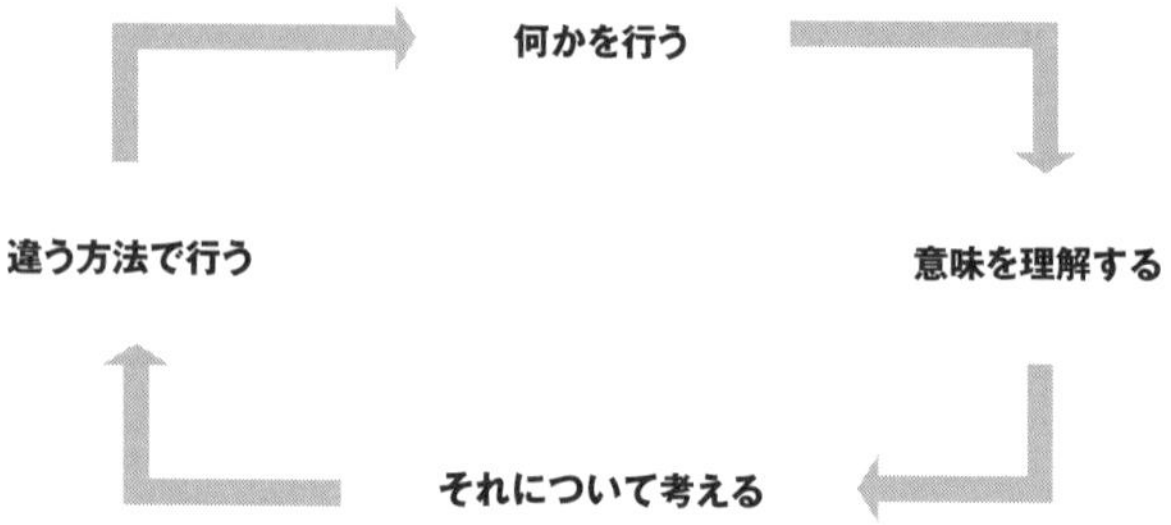
何かを行う
意味を理解する
それについて考える
違う方法で行う

Figure:3.2
「コルブの学習サイクル」に
「ハニーとマンフォードの学習スタイル」を重ねる

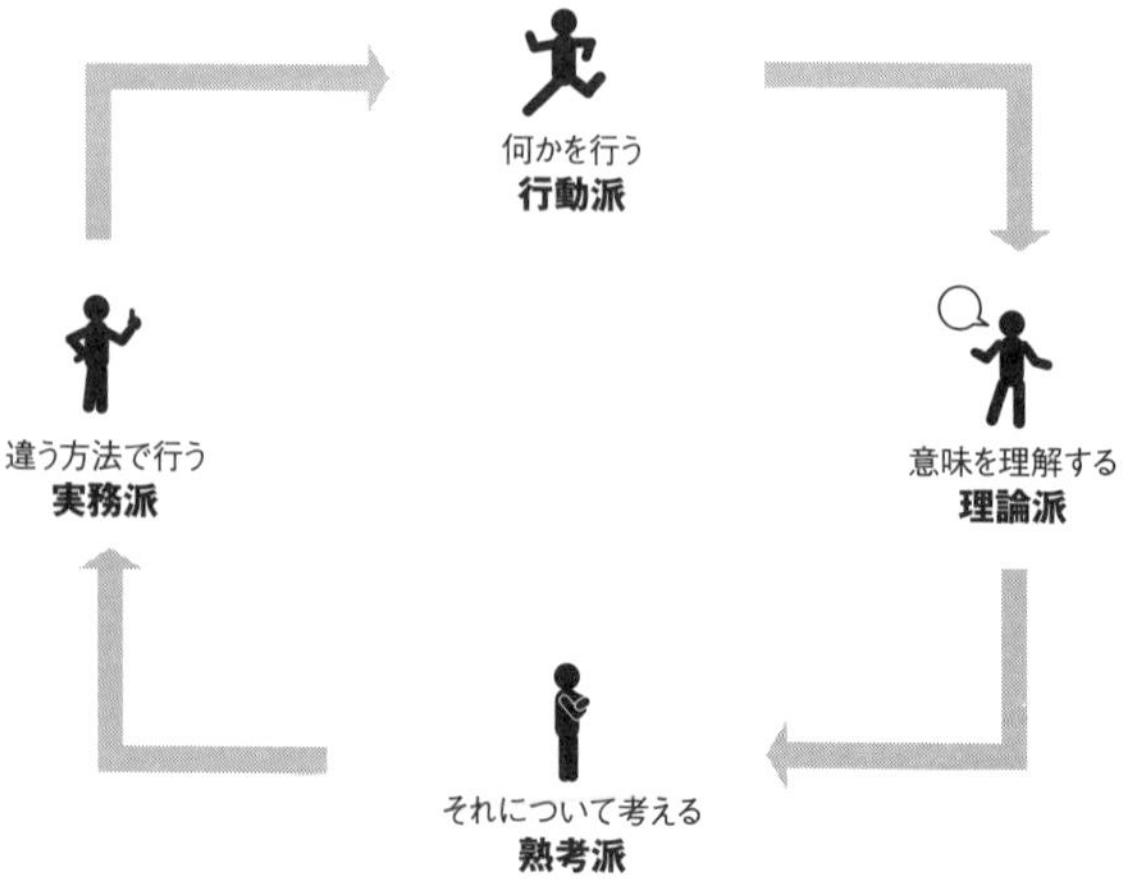
何かを行う
行動派
意味を理解する
理論派
それについて考える
熟考派
違う方法で行う
実務派

◎ハニーとマンフォードの学習スタイル

ハニーとマンフォードは、学習スタイルの好みを四つに分類した。それをコルブのサイクルに重ねてみる。

学習スタイルにある強い好みを持つ人は、学習サイクルのある段階を避けたり、またある段階だけにとどまったりする傾向がある。たとえば根っからの行動派は、実験につぐ実験を行うが、熟考や理論化を避けようとする。それゆえ、成長の専門家であるコーチの役割は、すべての段階を学習者にとっていちばん簡単な方法で行うことになる。

大きな変化を起こす場合、サイクルを一周以上することがよくある。ある態度が習慣になるまで訓練を重ねるには、そうするしかない。これはコーチングにおいて特に重要なことだ。

03・学習の障害

ここまでは学習がどのように行われるかを見てきた。ここで、学習の障害となるものの存在についても見ておく必要があるだろう。

1　過去の経験

学校や何らかのトレーニングコースで、嫌な経験をしたことのある人、またはマネジャーや同僚に恥をかかされたことのある人は、コーチングをためらうかもしれない。自分が「標的」にされることや、自分をバカだと感じてしまうことを恐れている。

コーチがこの問題を克服するには初めの段階で、コーチングプロセスでお互いにどのように協力していくか、実際に何を行うかをクライアントにきちんと説明すればいい。

2 自信のなさ

自分に自信のない人は、コーチとの対話にためらいを覚えるだろう。コーチングを行うときは、相手の自信のレベルに注意すべき場合が多い。それは、コーチとの関係における自信だけでなく、問題になっているスキルや仕事に対しての自信も含まれる。

コーチの主な役割は、クライアントが自分のパフォーマンスに肯定的になり、、その結果自信を高めるのを支援することだ。

3 モチベーションの欠如

モチベーションは個人の内側から生まれる態度であり、学習に臨む人々のモチベーションのレベルは、それぞれ個人によって異なる。中には、自分の意思に反して嫌々参加させられている人もいるだろう。コーチングには意味がないと考えている人もいるかもしれない。コーチングですることはすでに十分できていると考える人もいるだろう。

ひとつ確実に言えることがある。それは、学ぼうというモチベーションを、他人に植えつけることはできないということだ。コーチにできるのは、クライアントが自分自身でモチベーションを高めるきっかけを作ることだけだ。

4　変化への恐怖

変化はしばしば、歓迎されない出来事である。それはたいていの場合、変化は恐いものだからだ。コーチングの第一の目的は、それがどんな種類の変化であろうとも、とにかく変化を起こすことだ。

もしかしたら以前の変化が、望まない結果に終わったのかもしれない。コーチは、相手が変化に対してどう感じているかを考慮しなければならない。そしてコーチングによってどのような利益や結果が生まれるかを明確に伝えることによって、変化への意欲をかきたてなければならない。

5　失敗への恐怖

変化への恐怖が障害でないとしたら、失敗への恐怖が障害かもしれない。失敗への恐怖は、前回の失敗が原因になっていることが考えられる。当然ながら、コーチは成功を約束することはできない。しかし、もしコーチングプロセスが有効に実行されれば、失敗の可能性を最小限に抑えることができる。

6　「年老いた犬」症候群

「年老いた犬に新しい芸は教えられない」とよく言わるが、これは必ずしも正しくない。年を

取っても精神を鍛え、つねに学ぶ姿勢を保っていれば、かえって若い人たちよりも飲み込みが早いだろう。

この症候群がよく見られるのは、年輩の社員がキャリアの終わり近くになってから、何かの講習に参加することになったような場合だ。しかし、それ以外でも「年老いた犬」の言い訳は、形を変えて現れる。たとえば、「今更どうでもいいじゃないか」というように。

コーチがこれを克服するには、相手が変化を嫌がる本当の理由を探るとともに、変化を起こした場合のメリットもはっきりさせないとならない。クライアントがお手本にできるような存在があれば、助けになるだろう。

7 肉体的・精神的な状態

学習者が肉体的な不快感を覚えていたら（たとえば暑すぎる、お腹がすいている）、集中力と学習の妨げになる。コーチは、気分転換や休憩を適度に取り入れ、環境を整えて、肉体的な不快感を最小限に抑える努力をする必要がある。もしクライアントが何か他のことに気を取られていたら、それも学習を阻害する。

04・学習スタイルの個人的な好み

学び方の好みには、五つのまったく違うスタイルがある。この好みのスタイルは「ドライバー」とも呼ばれる。ドライバーは、人が意識できない部分にあり、ある種の行動をとることによって周りに認められようとする無意識の試みである。ジュリー・ヘイの著書『職場を円滑に：態度を理解して人間関係を築く（Working It Out at Work : understanding attitudes and building relationships）』（未訳）によると、ドライバーには五種類ある。

1　性急型（Hurry Ups）

性急型は、物事をできる限り短い時間で確実に片づけようとする。彼らのいちばん大きな長所は、仕事の量の多さだ。締め切り駆動型で、プレッシャーがかかるほど力を発揮する。彼らの隠れた動機は、すべてを最小限の時間で行うことであり、素速く片づけることができるほど気分も

よくなる。

彼らはよく、「急げ」「早く始めろ」「時間を無駄にするな」などという言葉を使う。早口で、たいてい一度にふたつ以上のことを同時に行っている。このタイプによく見られる仕草としては、足踏みをする、指をコツコツ鳴らす、腕時計を見る、などがある。性急型は、考える時間がある、沈黙、何もすることがないなどの状況が苦手だ。

性急型は、計画の段階や反省の段階をわずらわしく思い、すぐに結果を出したがる。彼らをコーチングするときは、この点に留意することが必要だ。性急型に有効な手法は以下のとおりだ。

【性急型に有効なコーチング手法】

- 効率よく仕事ができることをほめる。
- 彼らの突発的な行動を楽しむ。
- 彼らのエネルギーや熱狂、感情の爆発などに圧倒されず、このような特徴を認識し、それがなぜ起こるのかについて話し合う。
- 速さや、複数の物事を同時に行うことを奨励しない。
- 物事に時間をかけるよう促し、コーチングのために時間を割いてくれたことに感謝する。

2　努力型（Try Hards）

努力型は、自分の仕事に決意と熱意を持って臨む。彼らの仕事スタイルは、とにかく努力することだ。彼らは物事の大局を見るのが得意で、プロジェクトの一員になると、すべての可能性を詳細に吟味する人物として認識される。

しかしながら、彼らは成功することよりも努力することのほうに熱中しているので、仕事やプロジェクトが完成する前に興味を失ってしまうこともある。彼らがよく使う言葉は、「頑張る」「この方法やアイデアのほうがうまくいく」などだ。

彼らは次から次へと質問をする。ときに努力型はあまりにも立て続けに質問をするために、答えるほうはどの質問に答えるべきなのかわからなくなる。自分が質問をされると、他の質問に対して答え、そして話が脱線していくかもしれない。言葉に出さない態度としては、当惑したような表情、顔をしかめる、前のめりに腰かける、いらいらしたような仕草、こぶしを強く握る、などがある。

彼らの悩みは、誠意が足りない、責任感がないなどと非難されることだ。「努力が足りない」と言われるのをいちばん嫌う。

【努力型に有効なコーチング手法】

● 目的とそこにいたるまでの道のりを明確にし、物事を最後まで終わらせるよう導く。
● 一度やると決めたことから脱線させない。
● 頑張ることをほめないで、終わらせたことをほめる。
● 競争心が強いタイプでも、無視する。比較についての論争に巻き込まれてはいけない。

3 強がり型（Be Strongs）

強がり型は、プレッシャーの中でも平静を保つ。彼らは何でも自分の力だけで行い、職務志向だ。物事にうまく対処できているときに力を発揮し、周りがパニックを起こしていても理性を保つことができる。強がり型は、堅実で頼りになる存在だと見なされ、その責任感の強さと感情を抑える能力によって、嫌な仕事にも立ち向かうことができる。

このタイプの人物は自分の弱さを認めることを嫌い、失敗は弱さの表れだと考える。できないと認めるよりも、手に余るほどの仕事を抱えることを選ぶ傾向がある。自分の失敗を必要以上に責めるとともに、助けを求めるのは弱い人間のすることだと考える。

彼らがよく使う言葉は、「事実は……です」「私が解決します」「明日十五時間働いてこれを完成させます」などだ。強がり型は、簡単に助けを求めたりしない。そのため、コーチングを受け

ること自体に難色を示す。

言葉に出ない態度としては、顔や身体の無表情（弱さを示唆するような感情をすべて隠そうとしているから）、冷静な語り口、きちんとした服装、超然とした態度なのだ。強がり型は、拒絶されるかもしれないような状況を恐れる。なぜなら、自分が無防備になり、本当の感情や弱さを見せるようなことを言ってしまうかもしれないからだ。

強がり型をコーチングするのは、とても難しい仕事になることがある。コーチの側のスタイルがまったく違っている場合は、特に難しい。以下に、強がり型に対して有効な方法を述べる。

【強がり型に有効なコーチング手法】

- 感情を見せるのではなく、事実を淡々と述べる。
- 強がり型は、仕事ができて当たり前だと思われていて、感謝されることが少ない。彼らの配慮や親切心をほめる。
- 仕事を他人に任せ、現実的な量の仕事を引き受けるよう促す。
- 弱さを見せることを強要せず、ただ自分の感情をもっと表に出すよう促す。
- 怒鳴らない。怒鳴れば、彼らの心はさらに離れていく。
- 行動プランを立てるときは、それぞれの課題ですべきことをすべて明確にし、彼らが必要以上

のことをしないようにする。

4　完璧主義（Be Perfect）

完璧主義のモットーは、「やる価値のある仕事なら、きちんとやる価値がある」だ。これは、性急型の正反対だ。

完璧主義は、優秀さと完璧さとを目指し、最初から間違いひとつなく行おうとする。事実と細部を確認し、事前に計画を立て、組織的に物事をこなしていく。

ときに、完璧さを求めるあまり締め切りに遅れたりすることもある。なぜなら、たとえば些細な間違いまで訂正しなくてはならないからだ。常に高い基準を設け、それに満たなくてもかまわない場合もあるということがわからない。

彼らがよく使う言葉は、「そのとおり」「完璧だ」「当たり前」「何か足りないものがある」「いや、実際は……」などがある。言葉に出ない態度としては、固く閉じた口元、スマートで洒落た服装、抑制された口調、強迫的、神経症的な習性だ。

彼らが嫌うのは、コントロールを失う危険があること、たとえば他人の（自分から見て）いい加減で非論理的な態度や、他人が極度に感情的になること、目的を達成できないことなどだ。

【完璧主義に有効なコーチング手法】

- 時間を厳格に守り、約束をきちんと果たす。
- 完璧を求めるのではなく、現実的な基準を設ける。
- 感情を極力排して事実のみを扱う。
- コントロールする必要が生じたら、優しく、しかし毅然とした態度で行う。
- 意見が違ったら、確信を持って自分の考えを伝える。
- 完璧でなかったらどうなるかを一緒に考え、間違えてもかまわないということを説明する。

5　気に入られたい型（Please People）

このタイプは他人を喜ばせるのが好きで、よいチームの一員であり、自分からは何も頼まず、人に喜ばれそうなことを見つけて提供する。理解があり、他人に共感し、調和を求める。いつもにこにこ笑っていて、同意を示すためにうなずいている。他人から批判されるとそれを個人的に受け取り、気分を害する。人の干渉を受け入れる。自分が答えを知っていなければならないと考えるために、質問をするのをためらう。

彼らがよく使う言葉は、「本当に」「あなたが気に入ると思ったから」「これでかまいませんか？」などであり、「ノー」と言うのが苦手だ。言葉に出ない態度としては、いつも笑っている、

他人の干渉を許し、人の話をよく聞く、などだ。気に入られたい型が嫌うのは、無視されること、または批判されること。このタイプの人は、自分の落ち度が見つかって拒絶されるのを恐れる。ストレスを感じていないときは、このタイプの傾向は長所のほうがより表に出る。ストレスを感じていない人は、他人から認められることをそれほど求めないからだ。

しかしストレスが高まると、この傾向の欠点が明らかになる。自分が考える「あるべき自分の姿」にとらわれてしまうからだ。ここでのコーチの役割は、ストレスを感じないような環境作りを心がけ、相手の長所を引き出すようにすることだ。

【気に入られたい型に有効なコーチング手法】

- 彼ら自身の希望を考えさせ、コーチングに望んでいることをはっきり言ってもらう。
- 彼らがコーチングを、「コーチを喜ばせる手段」に変えてしまわないよう注意する。
- コーチはいつでもクライアントに意識を集中し、自分の望みを口に出さないようにする。
- フィードバックは、一貫して前向きな表現を使う。彼らがフィードバックを素直に受け入れ、「自分を責める」材料に使わないようにする。

05 ・学習の領域とレベル（ブルームの分類）

学習は大きく三つの領域に分けられ、それぞれが違うレベルに分類される。各レベルにおいて、段階的により高次で、より複雑な学習を扱う。三つの領域は以下のとおりだ。

1　認識の領域（知識）

この領域は、知識の獲得と応用、そして理解に関係している。主に扱っているのは、知的な性質の学習だ。この領域に含まれるレベルは以下のとおり。

A　**知識**…情報を学び、それを思い出すこと。記憶すること。

B　**理解**…情報を覚えているだけでなく解釈できること。理解すること。

C　**応用**…情報を問題解決のために利用することができる。

D　**分析**…情報を分割し、吟味し、そこから推論することができる段階。

E　**統合**…獲得した知識や情報を、新しい状況に独創的に応用し、活用することができる。

F　**評価**…もっとも高レベルな学習。あるアイデアのメリットを判断し、価値判断を行い、自分なりの考え方を提供する。

2　感情の領域（態度）

この領域は、ある学習の経験によって引き出される、または学習の中でも、感情を基本とする部分が多く含まれている領域を扱っている。この領域での学習は、たいていの場合、「認識の領域」での学習とつながっている。ここに含まれるレベルは以下のとおりだ。

A　**受け取る**……あるアイデアの存在に気づいていて、それに注意を向ける意思がある。

B　**応答する**……ある話題、またはアイデアに前向きな興味を示し、それに応答する。

C　**評価する**……あるアイデアに対してある種の責任を持つ。

D　**組織する**……ここでは、アイデアと折り合いをつけ、自分の態度と考え方を修正しながら、自分の中に一貫した価値体系を作りはじめる。

E　**性格の確立**…自分のライフスタイルに合ったある姿勢や態度を確立し、アイデア、またはコ

ンセプトをライフスタイルへと統合する。

3　精神活動の領域（スキル）

この領域はスキルの開発を扱っていて、主に精神面に関係している。この領域に含まれるレベルは以下のとおりだ。

A　**コンピテンシー**……スキルを実地で使えること。能力。
B　**熟練**……最小限の努力で、スキルを正確かつ円滑に実行する。
C　**精通**……スキルを最高のレベルで実行でき、応用し、自分で作り出すこともできる。スキルを新しい状況で用い、新しい手順を編み出すことができる。

第 II 部

•

コーチングスキル

ここまでのコーチングプロセスについての説明を通して、コーチングにはいくつかのスキルが必要であることがおわかりいただけたことと思う。ここから先第Ⅱ部では、それらのスキルについて簡潔にまとめ、さらにスキルを磨くためのヒントを提供したい。

さらにはコーチとしての自分の長所を見つけたり、これからの成長計画に入れるべきテーマを見つけるのにも役立つだろう。あるいはこれらのスキルを伸ばすために、あなた自身がコーチングを受けたくなるということもあるだろう。

ご紹介しているスキルは、それぞれ重なり合う部分が多い。つまり実地においては、あるスキルだけ単独で使うということはない、ということを覚えておいてほしい。

❶スキル1・分析力（Analytical skills）

コーチはコーチングのすべての段階において、分析力を発揮する必要がある。コーチは、コーチングを遂行するために、それぞれの段階で入手した情報の意味を考え検討する。

分析方法のひとつの選択肢として、ただ情報を集め、それを頭の中で寝かせておいて、あとは無意識のうちに結論が浮かび上がってくるのを待つという方法がある。それ以外には、より体系的な手法によって分析を行うという選択肢もある。この場合、クライアントにも参加してもらうとよいだろう。

後者のメリットは、分析手法を定型化できることである。さらに、クライアントにも分析の責任を持たせることで、将来クライアント自身が自力で行えるようになるというメリットもある。

分析とは、情報を見て、そこから結論を導き出すことだ。そのため分析には、いくつかのステ

ップを経ることとなる。

分析のステップ

①情報を集める。
②情報を分類する。
③仮説を立て、それを検証する。
④仮説を検証し、そこから最終的な結論を導き出す。

コーチングにおいては、コーチが分析する情報のほとんどは、クライアントから得ることになる。それ以外には、仕事のアウトプットや観察、また第三者から情報を得ることもある。

情報を分類し、そこから結論を導き出すときが、分析力が本当に試されるときである。分類のヒントになるものを以下にいくつかあげる。

情報分類のためのヒント

●この情報から何を知りたいのか？　この情報は何を伝えているか？
●クライアントは、コーチングによって何を達成したいと言っていただろうか？

●双方で合意したコーチングの目的は何か？
●そのテーマについての自分の知識はどの程度か？

情報の分類が終わったら、仮説を立てる段階に進むことができる。たいていの場合、情報全体に共通するパターンやテーマ、同じことを伝えているいくつかの違った証拠などから、推測することができる。

例1：仕事の委任技術向上についてのコーチング

今回のコーチングの目的は、仕事の委任の技術を向上させることだ。情報の分類のカテゴリーは、クライアントの「よくできていること」「苦手なこと」「委任できないために生じる問題」とした。

分類の結果、「問題」に分類されるものが、「苦手なこと」に分類されるものよりかなり多かった。コーチはこの事実から仮説を導き出すことができる。

ここで立てた仮説のひとつは、クライアントが、仕事を任せた部下のサポートをほとんど行っていないということ。別の仮説としては、本人は仕事を任せる能力があると思っているが、組織風土がそれを許容していないということも考えられる。そのような仮説を立てたら、今度はクラ

イアントとともに、仮説をさらに深く探っていく。

例2：レンガの壁作りのコーチング

コーチングの目的は、レンガの壁を完成させることだ。分類のカテゴリーは、「知識」「スキル」「態度」とする。

クライアントは、壁を作る技術はあるが、自分の仕事の価値に確信を持てないでいるという情報があった。その情報から仮説を立てていくことにする。この場合の仮説は、クライアントの仕事に対する気持ちに焦点を当て、コーチングを行うべきだということになる。そしてこの仮説をクライアントとともに検証し、それからコーチングの目的について合意する。

効果的な分析を行ううえで大切なのは、いつでも客観的な姿勢を保つことだ。たいていの場合、すでにある結論をもとに情報を見たり、経験によって思考を制限したりするほうが簡単だ。そのため、目の前にある情報について、偏見を持たず広い視点から考えることが重要なのである。分析にあたっては仮説を少なくともふたつは立てるようにすることがポイントだ。

❾ スキル2・アサーティブネス（Assertiveness）

アサーティブネスとは、自分自身と他人に対して正直な態度をとる、ということだ。この態度を確立している人は、自分の望みや感情をはっきりと伝え、しかしそれによって人をないがしろにしたりはしない。前向きで、自分に自信を持ち、同時に他の人の考え方も理解する。

アサーティブネスとは、大人として理性的に振る舞うということであり、人と交渉ができ、実際的な妥協案を生み出せることだ。そして何よりも、自尊心を持ち、他人を尊重するということなのである。

コーチはアサーティブな態度をとる必要がある。なぜならそれが、他人ともっとも効果的に意思疎通できる態度だからだ。コーチングの哲学とアサーティブネスの哲学は、密接に結びついている。どちらもが、自尊心と自己責任を高めることを意図している。他の人にもアサーティブネ

スを促すには、まず自らが態度で手本を示すことが大切だ。

クライアントが何かを学ぶうえでのコーチの役割は、クライアントが自信を持てるよう手助けすることだ。自尊心とは、自分をどれくらい受け入れているかを示している。それは自分にどれくらいの価値があるかを測定し、心の健康状態を測るための、ひとつの尺度だ。

人の態度は四つに大別される。

コミュニケーションパターンの四分類

- **受動的態度**
- **攻撃的態度**
- **作為的態度**（人をコントロールしようとする態度）
- **アサーティブな態度**

アサーティブな態度をとるには、練習が必要だ。状況や相手によって、自分が受け身的になったり攻撃的になったりしていることに気づくだろう。アサーティブネスを身につけることによって、コーチングも向上する。正直で率直な会話ができるようになるからだ。さらに詳しいことについては、次の二つの図を参照してもらいたい。

Figure:4.1
自尊心とアサーティブネスの関係

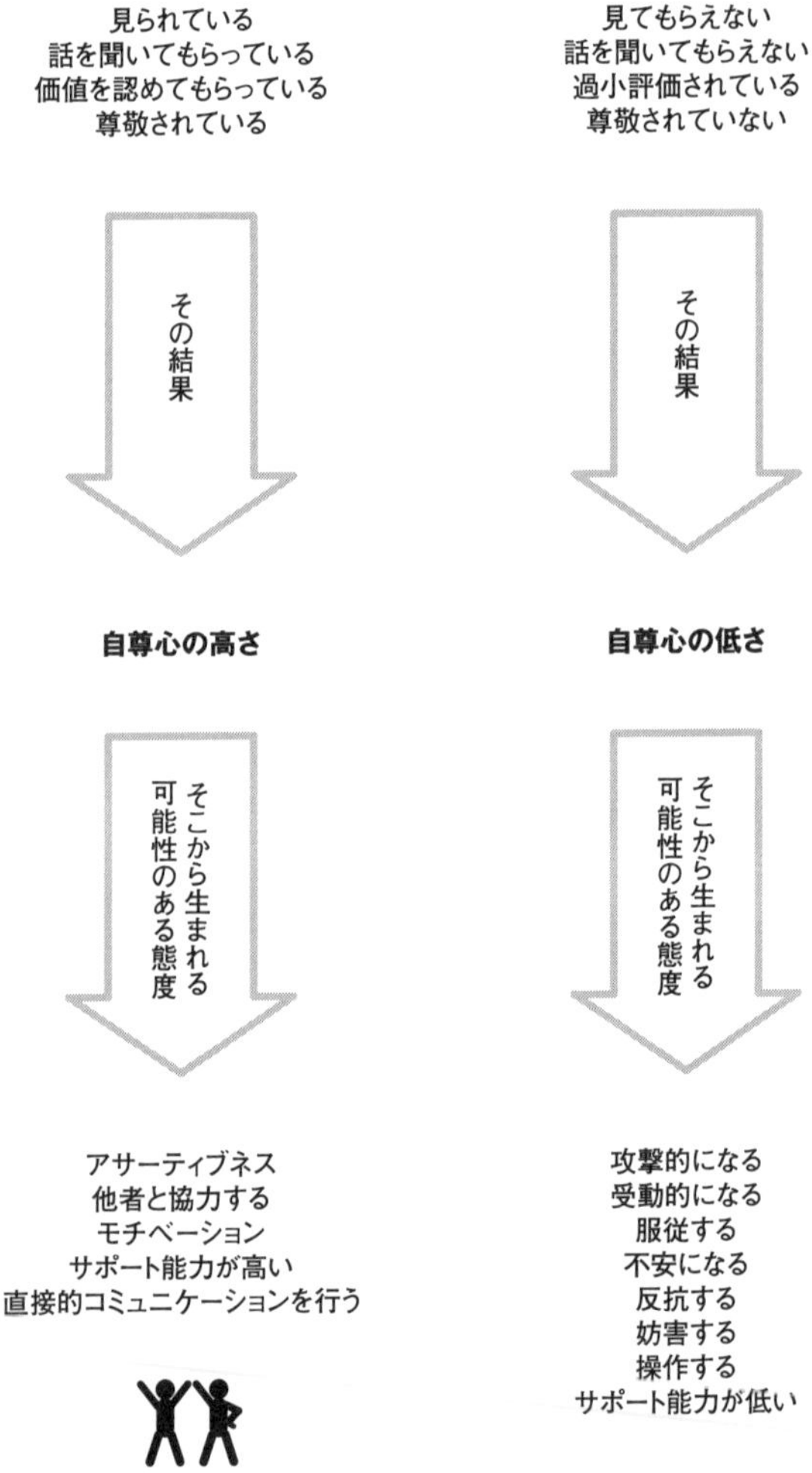
見られている
話を聞いてもらっている
価値を認めてもらっている
尊敬されている
その結果
自尊心の高さ
そこから生まれる可能性のある態度
アサーティブネス
他者と協力する
モチベーション
サポート能力が高い
直接的コミュニケーションを行う
見てもらえない
話を聞いてもらえない
過小評価されている
尊敬されていない
その結果
自尊心の低さ
そこから生まれる可能性のある態度
攻撃的になる
受動的になる
服従する
不安になる
反抗する
妨害する
操作する
サポート能力が低い

〈子供のエゴの状態〉
他人のほうが自分よりも上だ。
私は面倒を見てもらうことが必要だ。

自分を責める。
問題を避ける。
他人の許可を求める。
すぐに引き下がる。
自己憐憫に陥る。

〈親のエゴの状態〉
他人よりも自分のほうが上だ。
私は支配的で批判的な親の役割を演じる。

他人を責める。
非建設的批判、個人攻撃。
他人を遮る。
権威的。
依頼せず、命令を下す。

〈支配的で批判的な親〉
自分が上だと思っているが、口に出しては言わない。

間接的な反応。
辛辣、トゲのあるユーモア。
不平を言う。
わざと聞こえるように話す。
自分の利益のために他人を操る。

〈大人のエゴの状態〉
誰でも価値ある貢献ができる。
すべての意見に耳を傾けるべきだ。

自分自身と他人を大切にする。
積極的に話を聞き、他者を尊重する。
自分の考え、感情、意見を率直に話す。
直接的だが、ぶっきらぼうではない。
解決策を探す。意見を変える意志も持つ。

Figure:4.2
アサーティブネスと、子供―親―大人のエゴの状態の関係

〈受動的態度〉

自分を犠牲にして、直接対決を避ける。
自分の希望を伝えず、他の人が気づいてくれることを望む。
他人の目を必要以上に気にする。

目を合わせようとしない。
小さく、おどおどした声。
はっきりしない話し方。
防御的で、縮こまった身体の姿勢。

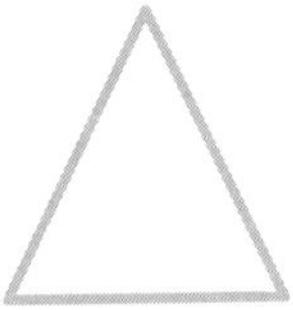

〈攻撃的態度〉

他人を犠牲にして、勝とうとする。
自分のニーズだけを考える。

相手の目から目を離さない。
大きく、ぶっきらぼうな声。
威嚇するような身体の姿勢。
他人のプライベートな領域に侵入する。
指を振る、指差す。

〈作為的態度〉

受動と攻撃、ふたつの態度を混ぜ合わせる。
リスクがなければ攻撃的になる。
自信がないと、この態度をとることが多い。

相手と目を合わさない。目をそらす。
いらいらしたようにため息をつく。
口を固く結んでいる。
「信じられない」という表現を使う。
身を固くしている。

〈アサーティブな態度〉

自分の権利を主張し、同時に他人の権利に気を配る。
話の内容に合ったボディーランゲージ。
抑制され、落ち着いた、自然な声の調子。
相手を受け入れる意思を示す身体の姿勢。

❗スキル3・対立の解消（Conflict management）

中国には争いを表すシンボルがある。それはふたつのシンボル、「危険」と「チャンス」の組み合わせから成っている。争いは、それに対処する方法によって、どちらの方向に進むかが分かれる。コーチがクライアントと争いになる理由を、以下にいくつかあげておく。

コーチとクライアントの争いの主な理由

- クライアントにフィードバックを聞く心の準備、または意思がなかった。
- コーチが不適切な方法で、フィードバックした。
- 一方が何かを提案し、もう一方がそれに反対した。
- 互いに合意した基本原則を、クライアントが守っていない。
- 一方はコーチングが完了したと思っているが、もう一方は思っていない。

以上は必ずしも、互いに反対の立場を取っている状況ではない。争いは、どちらかに交渉の意思がないとき、または意見の相違があるという事実を認めないときに起こる。

ここで争いの原因を探るために、有効な考え方をひとつご紹介したい。ほとんどの争いは、三つのレベルで機能している。

第一のレベルは「問題」のレベル。争いや意見の不一致の原因となった〝表向きの〟理由のことだ。たとえば、汚れた食器を流しに起きっぱなしにした、またはミーティングの約束の時間に遅れてきた、などの出来事だ。

第二のレベルは「人間関係」のレベル。これが争いの〝本当の〟原因だ。このレベルは感情のレベルと言ってもいい。たとえば、相手がミーティングの時間に遅れてきたのは自分への敬意が足りないからだ、またはミーティングを軽んじているからだと考える。

このレベルは、たいてい争いの中で話し合われることがない。ほとんどの場合「問題」ばかりを話題にして、感情や人間関係については考えない。しかし、人間関係について話さないので、いったい何が悪かったのか、相手は理解できない。

第三のレベルは「根本原因」だ。これは、なぜ物事が人に影響するのかという心理学の問題である。根本の原因をさかのぼれば過去の経験や、さらには子供時代にまで行き着いてしまうかも

しれない。この種の問題を扱う専門的な訓練を受けていないのなら、このレベルには触れないほうが無難である。

まとめると、争いに対処するときは、「問題」のレベルだけでなく、「人間関係」のレベルについても話し合う必要があるということだ。

対立の解消のための行動のヒント

- すぐに対処する。放置して悪化させてはいけない。
- 自分の感情にも対処する。自分が感じていることを確認し、なぜそう感じているのかを探る。
- 広い視野から状況を眺める。一歩下がって、客観的に眺める。
- 冷静で毅然とした態度で、相手と話す。問題の原因となった態度を指摘し、解決方法について話し合う。相手がどう感じているかも確認する。
- 互いに受け入れられる解決を目指す。それが、意見の相違を認めることでもいい。
- 解決策について冷静に話し合えないなら、ミーティングを終わりにする。

❾スキル4・ファシリテーション（Facilitation）

ファシリテーション（facilitation）という単語の起源はラテン語の「facilis」で、これは「物事を簡単にする」という意味だ。つまり、コーチングにおけるファシリテーションとは、クライアントが簡単に成長できるようにすることである。

そのためにコーチはまずコーチングの場で、何がどのように起こっているか、注意深く話を聞き、観察をする必要がある。また今がコーチングプロセスのどの段階にあるのかを認識している必要もあるだろう。

またそこにいる人にも注目する必要がある。コーチとクライアント、場合よっては関係する第三者との関係について考えるのだ。コーチは人間関係をシンプルにし、確実にコーチングを進行させる責任を負っている。コーチはファシリテーターとして、三つのレベルすべてに気を配り、コーチングが効果的で生産的に進むようにしなくてはならない。

優秀なファシリテーターの資質には、以下のようなものがあげられる。

ファシリテーターの資質

- コーチとしての任務に意識を集中する。
- 適切なタイミングで聞き、観察し、質問する。
- クライアントに優しく異議を唱え、他の可能性を探ることを促す。
- 客観性を保つ。
- クライアントが選択肢を見つける手助けをする。
- 有意義で円滑な人間関係を築く。
- 先に進む道について結論を出す手助けをする。

⓫ スキル5・影響力（Influencing）

『ビジネスEQ・感情コンピテンスを仕事に生かす（Working with Emotional Intelligence）』（東洋経済新報社）という本の中で、著者のゴールマンは、「影響力」を人間の社会的能力の中に含めている。彼は「影響力」を「説得のために効果的な手段を用いる力」と定義し、これができる人は社会的能力が高いと説明する。

この能力のある人の特徴は、以下のとおりだ。

影響力ある人の特徴

- 人を味方につけるのがうまい。
- 聞き手にアピールする洗練されたプレゼンテーション。
- ドラマチックなお膳立てをし、効果的に目的を達する。

影響力を発揮するとは、相手の理解、考え方、信念、態度などを変えようと試みることである。つまり、相手に自分の考え方を理解してもらい、それについてよく考えてもらい、受け入れてもらい、そしてその考えに基づいて行動してもらうのだ。他者とどのようにコミュニケーションをするかが、ここでの鍵になる。

他者に影響を与えるには、効果的なコミュニケーションスタイルを見つける必要がある。それができれば、相手があなたの話を聞き、理解する可能性も高くなる。

クライアントも、コーチの話の内容を身近に感じたほうが、コーチから影響を受ける可能性が高くなる。そして、クライアントが身近に感じる話をする方法はただひとつ、相手の話をよく聞き、相手を理解しようと努めることだ。

影響力のある人は、存在感がある。態度が堂々としているので、信頼できる人物という印象がより一層増す。この項で紹介している他のスキルも用いれば、あなたも効果的に影響力を発揮できるようになるだろう。

スキル6・聞く（Listning）

Figure:4.3
聞くことのプロセス

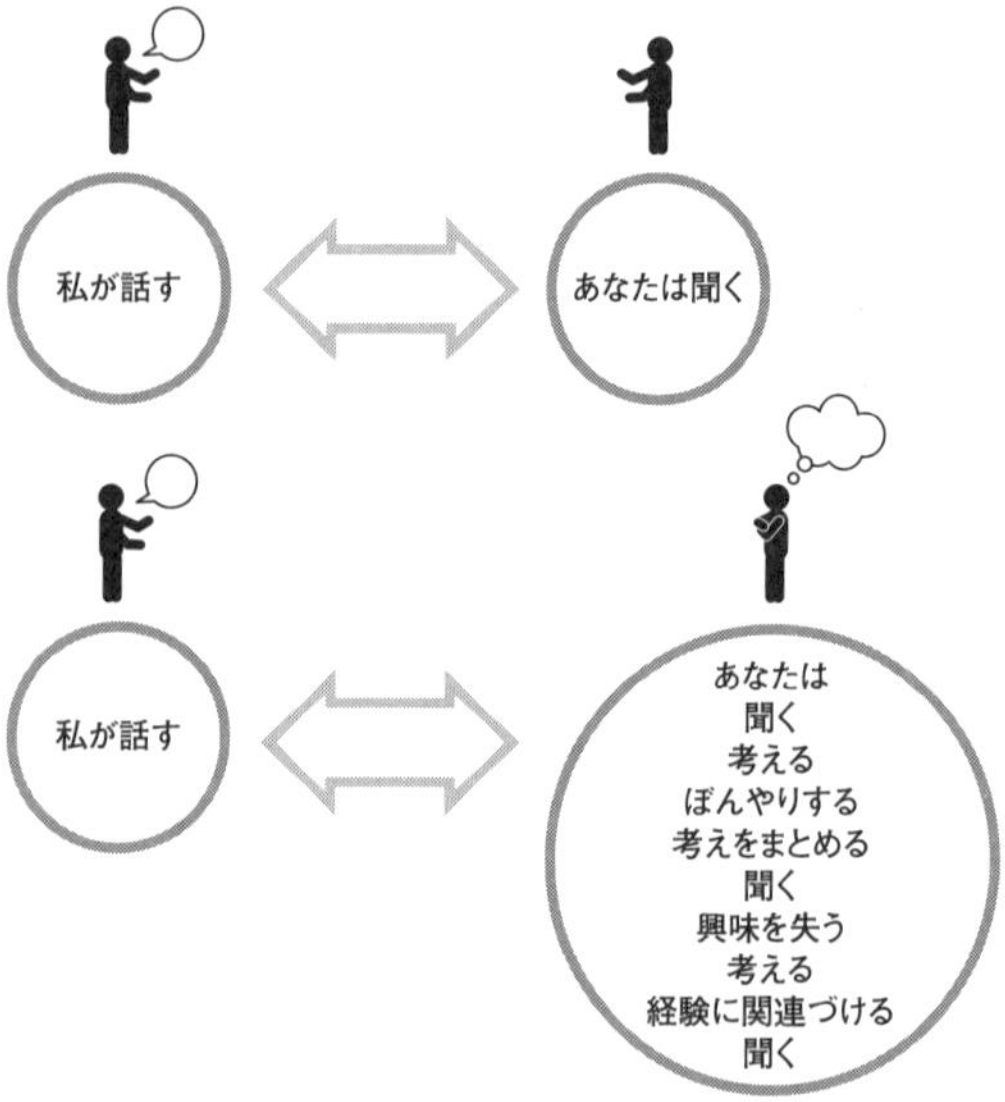
私が話す
あなたは聞く
私が話す
あなたは
聞く
考える
ぼんやりする
考えをまとめる
聞く
興味を失う
考える
経験に関連づける
聞く

上の図は、会話のときに人が考えている状態を表したものだ。

「音が耳に入る」のは、聞くことの最初の段階にすぎない。耳が音波を「知覚する」という、物理的な段階だ。他にも三つ、同じくらい重要な段階がある。耳に入った音を「解釈する」段階があり、それは理解につながるか、誤解につながる。その次に、情報を吟味してそれをどう利用するかを決める「評価する」段階に進む。そして最後

に、知覚し、解釈し、評価したことをもとに「反応する」。それが、聞くということだ。

実験によると、十分間の口頭によるプレゼンテーションの直後に、一般的な聞き手は、その半分の内容を記憶している。四十八時間後ではそれがさらに半分になる。つまり全体の二五パーセントしか残っていない。言い換えると、私たちはたいていの場合、聞いたことの四分の一だけを理解し記憶しているということだ。

左の表の「効果的に話を聞くための十の鍵」は、よりよく話を聞くためのガイドである。これらは、よりよく聞く習慣の核となるものであり、生涯にわたって活用することができる。他の人の話を、〝本当に〟聞くために、以下のポイントが指針になる。

〝本当に〟人の話を聞くための指針

●意識の一〇〇パーセントを相手に集中する。メモの必要があれば、理由を説明し許可を求める。
●相手が楽な気分になるよう気を配り、話をしたいという気分にさせる。適切なタイミングでうなずき、笑顔を見せる。建設的に、関連のある質問をする。
●相手の話を「オウム返し」するなどして、真剣に聞いていることを態度で伝える。「あなたのお話は……ということでしょうか」「私は……と感じました」などの言葉を使う。
●ノンバーバルでも、話を聞いていることを伝える。

Figure:4.4
効果的に話を聞くための十の鍵

	非効率的な聞き手	優秀な聞き手
1　興味深い点を見つける	興味のない話は聞かない	チャンスを逃さない 興味の持てることを探す
2　相手の「話し方」ではなく「内容」に集中する	話し方が気に入らないと聞かない	中身で判断する 話し方のまずさは問題にしない
3　自分は話さない	言い争いになりがち	理解するまで判断を控える
4　「意見・考え」に注意して聞く	「文字面」だけを聞く	中心テーマに注意して聞く
5　臨機応変に	詳細すぎるメモを取る ひとつの聞き方しかしない	簡潔にメモを取る
6　聞くことに集中する	熱心さを見せない 興味のあるふりをする	話を聞く努力をする 身振りで示す
7　気を散らさない	すぐに気が散る	妨害を退ける、または避ける 悪いクセに寛容 集中の仕方を知っている
8　頭を働かせる	難しい話題を避ける 軽くて楽しい話題だけを求める	頭の訓練のために難しい話題を用いる
9　オープンマインドでいる	感情的な言葉に反応する	言葉の真意を解釈する 言葉尻にこだわらない
10　事実について考える。それは話すことよりも速い	ゆっくり話されると、ぼんやりする	真偽を考える、予測する、頭の中でまとめる、証拠を吟味する、声の調子から行間を読み取る

●相手の目を見ることは、興味を持っている証拠になる。じっと見つめすぎてはいけないが、会話の大部分で相手の目を見るようにする。
●ボディーランゲージや、姿勢も大切だ。相手から顔を背けたり、腕を組んだりするのは不賛成の意思表示であり、相手に話す気を失わせる。
●話すリズム、声の調子、沈黙。せかせかと話せば、あなたには話を聞く時間がないのだと解釈する。声の調子は、話をきちんと聞いているか、またはいらいらしているかを伝える鍵になる。沈黙はうまく使えば、相手に話をさせる効果的な道具になる。
●人は沈黙を恐れ、会話によってそれを埋めようとする。その誘惑は避けたほうが無難だ。
●相手の話に関連づけて質問をする。話の内容をはっきりさせ、さらに詳しく話すように相手に促すことができる。
●客観的で中立的な立場を保つ。相手の話を、自分の経験に関連づけたりしない。相手の経験について聞こうとしているときに、「私にも同じような経験がある」という話は役に立たない。
●相手の話の中に、くり返し現れるテーマを探す。相手は、同じフレーズを何度も使っているだろうか？　テーマが何であれ、それに関する質問をする。
●それぞれのセッションの終わりで、相手があなたに話した内容をまとめる。

❾スキル7・リフレクション・言い換え（Reflection and paraphrasing）

「リフレクション」と「言い換え」は、相手から受け取った情報を、相手に返すスキルだ。リフレクションするということは、相手から受け取ったメッセージすべてを相手に送り返すということだ。メッセージは、前にも触れたように、相手が使っている言葉だけでは判断できない。声の調子やボディーランゲージも、メッセージの一部だ。

「言い換え」とは、相手の話の内容を別の言葉で表現することだ。このスキルは、相手の話を自分が正しく理解したかどうかを確認するときに役に立つ。

たとえば話し手が、ある特定の手順について、あなたに説明したとする。あなたがそれを言い換えるときは、同じくその手順について説明するのだが、自分自身の言葉を使って、自分が理解している内容を伝えることになる。

❗スキル8・観察（Observation）

「きみは見ただけで、観察していないんだよ」と、シャーロック・ホームズはワトスン博士に言った。「観察」は、練習によって習得できるスキルだ。物事の全体を眺め、そしてさまざまな角度や視点から部分を眺める。そうすることで、見ることからさまざまな結論を導き出すことができる。

「観察」の出発点は、自分が達成しようとしていることを明確に意識することだ。目的を達成するために、注目すべきポイントはどこか？　どんな情報を集めればよいか？　また仕事の完了についての何らかの基準が設けられているのなら、観察するときに、常にそれを念頭においておかなければならない。

すべての「観察」は別々の出来事として扱うべきだ。たとえ、前にも何度か観察したことがあ

ってもである。そうしないと、勝手にわかっていると思い込み、実際は見ていないものまで見た気になる危険がある。

出来事の状況はそれぞれ独特であり、前回との間に違いがある。今このときに見ているものに集中し、そこから何を学べるかを考える。そのためには、新しい洞察を生み出せるような質問を自分にするといい。

観察に新しい洞察をもたらす質問

- 今見ていることを、クライアントにどのように説明しようか？
- 今回、相手が違う方法で行っていることは何だろう？
- 相手が自信を持っているもの、逆に不安を感じていることは何だろうか？

観察スキルを向上させるには、同じビデオを何度も見たり、大きなショッピングセンターに行って人間観察をしたりという方法がある。そこであなたは何を見ているだろうか？　人を男性、女性、子供というふうに見ているだろうか、それと一人ひとりの個人としても見ているだろうか。

長時間観察するときには、集中力が途切れることがある。それはまったく普通のことだ。それを最小限に抑える方法は「見ていることのメモを取る」「自分に『集中！』と言い聞かせる」、ま

たは「姿勢を変える」などがある。

◎観察の落とし穴

「観察」にはいくつかの「落とし穴」がある。人はみな、それぞれ自分なりの偏見や好みを持っているからだ。以下にあげた「効果」は、それぞれ別の偏見が原因になっている。

1 始めと終わり効果

観察の始めに見たものと終わりに見たものだけを覚えていて、間に起こったことを忘れてしまう現象。

対策：適宜メモを取るようにすれば解決できる。

2 もっとも重要な出来事効果

相手のパフォーマンス全体を評価するのではなく、ひとつかふたつの重要な出来事だけをもとに評価したときに起こる現象。

対策：全体を通してメモを取るようにすれば、この効果を抑えることができる。

4　天使の輪効果

観察している相手のあるひとつのよい態度や行動だけに注目して、その人物が聖人君子だと思い込んでしまう現象。これほどすばらしい人物が失敗するなどありえない、すべて完璧だと信じ込んでしまうのだ。

対策：「観察」の明確な基準を決めておき、客観性を保つようにすれば、この効果は軽減される。

5　型にはめる

相手の印象を、「こういうタイプの人物」と決めつけ、それによって観察に影響が出る現象。相手のいい面、悪い面を前もって決めてしまうことで、その先入観を補強するような態度だけを観察することになる。

対策：自分の判断ではなく見たままを記録するようにする。自分の先入観について認識しておく必要もある。

6　中間傾向

これは、何らかの評価軸でパフォーマンスを評価するときに起こる現象だ。評価軸のどちらか

の端ではなく、中間の評価を与えたくなるという場合だ。理由は、相手に厳しいフィードバックをしたくないとか、逆に自分のパフォーマンスに満足してしまってほしくないということもあるだろう。または、適切な基準で評価していないということも考えられる。
対策：自分の評価の根拠をメモする、または評価軸をもとに評価するのをやめる。

7　甘すぎる／厳しすぎる効果

相手のパフォーマンスに対して客観的でなく、甘すぎる評価や厳しすぎる評価を下してしまう現象。
対策：相手を観察する理由を心に留め、実際に見聞きしていることをメモする。自分は中立な観察者であり、客観的にフィードバックすることが目的だと、自分に言い聞かせる。

8　クローン効果

ある仕事のやり方について、コーチがある意見を持っている場合、そのコーチはクローン効果にはまる危険がある。自分のやり方を基準に、相手の仕事を評価してしまうのだ。
対策：事前に評価基準を決め、双方で合意しておく。

スキル9・計画と優先順位（Planning and Prioritizing）

計画スキルとは、目的を定め、達成までの道のりを細かいステップに分けるスキルだ。効果的な計画は以下のように立てられる。

効果的な計画立案の指針

- **全体の目標や目的を決める**――私はどこへ行きたいのだろうか？
- **成功の結果を思い描く**――目的地に着いたことは、どうやってわかるだろうか？　何が見え、何が聞こえるだろうか？
- **するべき行動を決める**――どのようにしてそこへ行けばいいだろう？
- **行動に優先順位をつける**――それぞれの行動には何が必要だろう？　どんな資格や人が必要か、お金はどれくらい必要か？　そして、どの行動を最初にとるべきだろう？

●**優先順位を見直す**――必要なものが手に入りやすいかどうかによって、順番を変えてもよい。
●**計画を見直す時期と方法を決める**――計画をいつどうやって見直すか？　実行中と、実行後の両方で。

優先順位を決めるには、その行動同士の相互依存性を判断しなければならない。つまり、ある物事を起こすためには、その前に別の物事を起こす必要があるかどうかということだ。

優先順位を決めるための、昔からよく使われるもうひとつの方法は、緊急性と重要性を吟味するということだ。緊急性の高い行動は、効果を上げるために、今すぐ、または近いうちに行う必要がある。ある期間中に行われないと、その後に行う意味はなくなるか、もっと大きくて難しい行動が必要になる。重要性は、その行動が与える影響や、それが目的達成のためにどの程度重要かによって測定される。

緊急度と重要度による優先順位決定

①緊急で、重要。
②緊急で、重要ではない。
③緊急ではないが、重要。

④重要ではなく、緊急でもない。

すべての計画は、柔軟でなければならない。そうでないと、未知の要素や予期していなかった出来事に対応できなくなる。計画に柔軟性を持たせるには、偶発的要素も計画に盛り込むか、緩衝地帯を計画に組み込んだうえで、定期的に計画を見直すようにする。また「緊急ではないが、重要」な項目にできるだけ早く手をつけるように時間を割り振る工夫も必要だ。

コーチング計画の見直しで、特に注意して確認するポイントは、前に省略してしまった行動で、計画に組み込む必要があるものはあるかということ、そしてクライアントが、計画の変更や脱線に対して異論はないかということだ。

コーチングにおいては、セッションの冒頭で、コーチングにかけられる大まかな時間について、相手と同意を取る。コーチであるあなたは、計画どおりに時間を管理する責任があるからだ。そして、計画からはずれていたら、元に戻すか、または双方の同意のうえで新しい計画を立てる。

❿ スキル10・プレゼンテーション（Presenting ideas）

情報や自分のアイデアを提示するのがうまい人は、以下のような体系的な手法を用いている。

プレゼンテーションのモデル

①何を提示したいのか、なぜ提示したいのかをよく考える。
②言いたいことについて、自分の考えをまとめ、情報を集める。
③情報を論理的に並べる。その際、自分のニーズではなく、聞き手のニーズを基準にする。
④プレゼンテーションの最初に、情報を提示する理由と主な目的を説明する。
⑤中心的な主張を細部によって固め、聞き手に理解しやすいようにする。
⑥聞き手を観察し、彼らの反応と理解のレベルを判断する。
⑦質問や意見を求め、それに対処する。

⑧最後にもう一度中心的な主張を確認する。

ここで需要なのは、聞き手たちに情報がどう受け取られるかを考慮することだ。どんな言葉なら理解されるだろうか？　口で説明したほうがいいのか？　それとも書いたものを見せるか？　文章を読んでくれるだろうか？　それとも箇条書きにまとめたほうがいいだろうか？　情報を文脈の中に収めるためには、さらに追加の情報は必要だろうか？　――さらに加えて、情報を咀嚼するのに必要な時間も考慮する必要がある。

スキル11・質問（Questioning）

質問の目的とは、一般的には、他の人に情報を提供してもらうことだ。コーチングで質問を用いる理由は他にもある。それはクライアントに考えさせることだ。

効果的な質問は以下の特徴を備えていなければならない。

効果的な質問

- **簡潔**――わかりやすい言葉を使う。
- **短い**――長々とした質問は誤解を招きやすい。
- **論理的**――理路整然としていれば混乱を避けられる。
- **ひとつずつ**――質問や主張は一度にひとつずつ。

◎質問の種類と目的

質問にはさまざまな種類があり、それぞれ目的が異なる。

1　オープンクエスチョン

相手に話をしてもらいたいときや、そうすることによって多くの情報を提供してもらいたいときに用いる。このタイプの質問は、相手に問題や主題について幅広く考えさせるときにも用いられる。

オープンクエスチョンは、５Ｗ１Ｈと呼ばれる六つの疑問詞によるものが有名だが、私たちはそれに「どれ（which）」を加えた七つをおすすめしたい。

【オープンクエスチョンを作る七つの疑問詞】

●誰が?（who）
●何を?（what）
●どこで?（where）
●いつ?（when）

●どのように？（how）
●どれ？（which）
●なぜ？（why）

質問の言葉ではないが、オープンクエスチョンと同様に、情報を引き出すために利用できる言葉がある。たとえば、「説明してください」「教えてください」「……について知りたいのですが」「……について話してください」など。

2 クローズドクエスチョン

「はい／いいえ」などのたった一言だけの答えを求める質問がある。こうした質問は、質問の仕方によって答えが制限されており、正しい答えと間違った答えしか存在しない。多くの人がこの種の質問をされると嫌な顔をするが、有効な使い道もある。クローズドクエスチョンは以下の場合で役に立つ。

【クローズドクエスチョンの有効な場面】

●「はい」か「いいえ」の答えを求める場合

●二者択一の答えを求める場合
●身元を確認する場合
●ポイントをはっきりさせる場合

3　リーディングクエスチョン

原則的にコーチングにおいては、答えが含まれている質問は避けるべきである。つまり、誘導的な質問のことだ。たとえば、「失敗したのは、練習が足りなかったからだろうか？」というような質問である。

誘導的な質問に対し、クライアントが混乱しているか何かを恐れていたりすれば、期待どおりの答えをする可能性は高い。この話題についてはコーチのほうが詳しいのだからと、反対のことを答えるのをためらったり、違う答えをしては、自分がバカに見えるのではと考えることもあるだろう。

リーディングクエスチョンをすれば、相手が知らなかった情報を簡単に相手に与えてしまうことにもなる。考えてもいなかったアイデアを相手に持たせることができるのだ。

リーディングクエスチョンは、情報をまとめるときや確認するときには有効だ。たとえば、「つまり、あなたが言っているのは……ということですね？」というように。

4 オウム返し

これは、相手の答えの中から、ひとつの文や終わりの数語をくり返すことだ。質問ではないが、質問と同様の効果があり、相手に話を続けさせたり、特定の話題を詳しく話させることができる。「オウム返し」がもっとも効果を発揮するのは、相手が話していて、ふと口をつぐんだときだ。そこで相手の言葉を「オウム返し」すれば、自分が相手の話を聞いていたことを伝え、相手がさらに話を進めるきっかけになる。

ここで注意する点は、適切に文や単語を選ぶこと、そしてこのテクニックを使いすぎないようにすることだ。ただ機械的に相手の言葉をくり返したり、使いすぎたりすると、狙いとは反対の効果になり、相手の話を聞いていないというメッセージを伝えてしまう。

ここで注意しなければならないのは、ある言葉をくり返すことによって強調しても、それが相手を評価しているような印象を与えてはいけないということだ。

5 沈黙

沈黙は、質問ではないが、ためらっている相手に話を促す手段となる。

沈黙は、会話の双方にとって気まずいものだ。どうも人間には、空白を埋めようとする本能があるらしい。だから、タイミングのいい沈黙は、相手に話をさせるとても有効な道具になる。

会話が自然に途切れたとき、それまで話していた人は聞き手を見て、今度は相手が話すのを待つ。そこで聞き手が、話を促すような身振りと沈黙を用いれば、それまで話していた人にさらに話を続けさせることができる。

また、会話では考える時間となる沈黙もまた必要である。その時間で、情報を吸収し、質問や返答を考え出すことができるのだ。

相手から目をそらすことで、その時間を作り出すきっかけを作ることができる。人は集中していると無口になり、床や天井などをじっと見る。これを邪魔しなければ、さらに追加の情報を得ることができるだろう。

⓬スキル12・ラポールを築く

ラポール（＝rapport 信頼関係）は、相手が自分の世界観を理解し、それを尊重してくれたと感じたときに築かれる。ラポールを築くために重要な要素を見ていこう。

1 効果的ノンバーバルコミュニケーション

コーチのノンバーバルコミュニケーションは、クライアントとの間にラポールを築くために、重要な要素である。コミュニケーション上手な人は、ボディーランゲージや声の調子、顔の表情に意識的に気を配ることによって、ラポールを築く。以下にあげたポイントで相手に合わせることは、ラポールを築くことに有効だ。

【相手に合わせるノンバーバルコミュニケーションのポイント】

●**姿勢や体重のかけ方**…手や足の位置。肩の力の入り具合。首の傾き、頭の位置。
●**表情**…視線の方向や目の動き。
●**呼吸**…呼吸のペースと、呼吸の方法（胸式か腹式か）。
●**動き**…相手が身体を動かすペースとそのリズム。
●**声**…ペース、大きさ、高低、調子、そして使う言葉のタイプ。

以上のポイントをさりげなく相手と合わせることで、あなたは自分と同類だという印象を、クライアントに与えることができる。相手はどういう人間か理解してもらっていると感じ、その結果心が楽になり、質問に対して率直に答えるようになる。

2　人間中心のアプローチ

クライアントと信頼関係を築くためには、相手は自分とは別の人間であるということ、それぞれ自分なりのニーズや欲求、経験を持った一個人だということを、いつでも心に留めておかなくてはならない。

マズローの『人間性の心理学（Motivation and Personality）』（産業能率大学出版部）によると、人はすべて基本的な人間としての欲求を持っている。

マズローによる欲求の階層

- **生理的欲求**：十分な食料、水、酸素への欲求。
- **安全の欲求**：保護、安定、秩序への欲求。
- **所属と愛の欲求**：家族や仲間、自分の居場所を持つことへの欲求。
- **承認の欲求**：尊厳、能力、名声。認められることと達成への欲求。
- **自己実現の欲求**：自分の可能性を実現することへの欲求。

コーチングを行うときは、食事、水、室温などの「生理的欲求」にも気を配ることが大切だ。それらが不十分な状況なら、コーチングとクライアントの双方にとって、集中の妨げになるかもしれないからだ。どちらかが空腹だったり、のどが渇いていたり、「ちょっと一休み」したいと感じていたりしたら、集中するのが難しくなる。

同様に、コーチは高いレベルの欲求にも気を配らなければならない。クライアントは、承認され、尊重されることを望んでいる。それが欠けると、相手は自分の成長ニーズと、それを満たす方法について、考えることができない。相手が安心して率直で正直な情報を提供するためには、それらの欲求が満たされていなければならない。

有能なコーチは、相手への共感、受容、尊敬、興味などの態度を身につけているものだ。この種の態度は、相手から前向きな反応を引き出すことができる。

「人間中心のアプローチ」のもっとも大切な側面のひとつは、精神科医のカール・ロジャーズの言葉を借りれば、「無条件の前向きな敬意」を身につける能力だ。それは、すべての個人をかけがえのない一人の人間として扱うことであり、それぞれの経験を認め、受け入れることだ。それは、誰もが独自の世界観を持っていると認識するということでもある。十人がまったく同じ劇を見ても、その中で覚えていることや、そこから考えたことは、それぞれまったく異なるだろう。

異なった経験や考え方を考慮するとき、客観性が鍵になる。客観性を保つために、次の言葉を覚えておくといいだろう。

「正しいか間違っているかではない。違うだけだ」

3　ノンバーバルコミュニケーションを使う、解釈する

私たちの身体は、姿勢や身振り、顔の表情などをとおして、常に周りに対してある種のメッセージを伝えている。ほとんどの人は、そうしたノンバーバルコミュニケーションを直感的に解釈している。

ボディーランゲージは、言葉によるコミュニケーションの内容を補強することもあれば、それ

を損なうこともある。そのためコーチは、自分と相手、両者のノンバーバルなサインについて、よく考える必要がある。

ここで注意しなければならないのは、身体の動きや身振りは純粋に肉体的な欲求を示していることもあるということだ。相手の動作のすべてに裏の意味があるというわけではない。たとえば、相手が鼻をかいている場合、嘘をついているサインではなく、ただ鼻がかゆかっただけかもしれない。

コーチにとって役に立つボディーランゲージは以下のとおりだ。

コーチングに役立つボディーランゲージ

- 対決するような印象を相手に与えない姿勢で相手と向き合う。
- 相手を受け入れるオープンな姿勢を保つ。
- 座りやすい椅子を用意する。相手の領域を尊重するように、しかし自分が率直な会話ができるように、座る場所を配置する。
- 身だしなみに気を配り、相手に合わせた服装をする。
- 声の調子に気を配り、メッセージの効果を高めるために多様性や対比を用いる。たとえば、重要なポイントを強調するときは声を落とす、など。

●話し手のボディーランゲージに合わせ、しかしまるっきり真似をするのは避ける。
●相手と目を合わせたり、身振りや声の調子などを活用したりして、自分の熱意と誠意を示す。
●微笑み、難しい顔、しかめっ面などの、顔の表情に注意する。眉を上げるなどのごく小さな表情の変化でも、相手はそこからあなたの考えていることを解釈する。

ボディーランゲージの解釈の際の留意点
●同じサインでも、状況によって意味はさまざまに異なる。
●ボディーランゲージのすべての要素を、何らかのメッセージと見なす。それぞれの要素について考え、何かテーマやパターンがあるかどうか探す。ひとつの出来事から意味を適切に読み取るのは難しいが、サインがいくつか集まれば、より正確な絵を描くことができるかもしれない。
●ノンバーバルコミュニケーションを解釈するときは、自分の考えが正しいかどうか確認すること。

第 III 部

・

コーチングエクササイズ

第Ⅲ部では、コーチングの効果をあげ、目標達成をさらに強力に支援するエクササイズやアクティビティを紹介する。コーチングプロセスの段階や、その時々の必要性に合わせて、自由に活用していただきたい。ただし、コーチがクライアントとともにエクササイズを行う場合には、以下のガイドラインに留意してほしい。

エクササイズ実施におけるガイドライン

- コーチ自身が納得でき、クライアントに十分説明できるエクササイズだけを行うようにする。初めて実施する際は、よく読み込んでしっかり理解し、可能であれば事前に試しておく。
- コーチングの目的や、コーチングプロセスの進行状況に合ったエクササイズを選ぶようにする。おもしろそうだからという理由で、新しいエクササイズを試してみたくなることもあるだろう。しかしコーチングは、あくまでクライアントのためのものであることを忘れないように。
- エクササイズは、相手の学習スタイルに合ったものでなければならない。コーチのスタイルに合わせるのではない。

- エクササイズに使える時間を考慮し、その時間内で完成できる活動を選ぶようにする。
- 相手が納得していないエクササイズを押しつけるのは絶対にいけない。しかし、初めての難しいエクササイズに挑戦するよう、相手を励ますことは必要だ。難しい課題でクライアントの意欲をかきたてるのがコーチであり、威圧して従わせるのは間違っている。
- エクササイズだけでコーチングの時間を使い切ってしまってはいけない。エクササイズで学んだことを振り返り、その後活用するための行動プランを立てる時間も必要である。
- 必要な道具はすぐに使えるように準備しておく。
- エクササイズをいつ、どこで行ったかを記録しておく。うまくいったこと、次回は変えたいことなどもメモしておく。

エクササイズ❶

私の〝旅〟の地図を作る（Map your journey）

コーチはクライアントを楽な姿勢で静かに座らせる。そして数分間、クライアントにこれまでの経験や身につけてきたスキルについて、大まかに思い出すように伝える。

数分間たったら、以下「私の〝旅〟を振り返る質問」を渡す。そして、五分間かけてその答えをじっくり考えさせる。考える間に、何か頭に浮かんだら、それを紙に書きとめるように伝える。そのメモはコーチに提出するものではない。人に見られることを意識して書く必要はないと伝えておくといいだろう。

私の〝旅〟を振り返る質問

- 私は現在、仕事をどれくらいうまくこなしているだろうか?
- 私は現在、自分のスキルをどれくらい有効に使っているだろうか?

- 私はどのようにして現在の地点に到達したのだろうか？（トレーニングの経験など）
- 私はどこへ向かって行きたいのだろうか？　何になりたいのだろうか？
- 私を押しとどめているものは何だろうか？（または、誰だろうか？）
- 行きたい場所にはどうすればたどり着けるだろうか？
- そこに着いたら、どんな感じがするだろうか？

目的

以下の三点でクライアントを支援する。

- これまでの自分自身の経験を明らかにする。
- 自分の目標、目指す終着点を詳細に描写する。
- 目標を達成するために必要なことを考える。

準備

時間――おおよそ四十分から一時間。

道具――色つきのペン、紙。

コーチへのアドバイス

これは、コーチングセッションの前に行うのに適しているエクササイズだ。時期としては、コーチングの第1段階と第2段階の間あたりがいいだろう。このエクササイズで、クライアントが出した答えは、その後のコーチングの題材となる。

クライアントが質問に答えられない場合があるかもしれない。その場合は、その理由を探る必要があることを覚えておく。

エクササイズ❷ 山と谷（Highs and lows）

クライアントは、まず最初に紙の端から端まで横線を描く。この線は時間の経過を表す。線の出発点は、クライアントが今の仕事を始めたときで、線の終点は現在である。

仕事を始めてから今までの間、仕事についてどう感じていたかを、波線のグラフで表現してもらう。前向きな感情の時期はグラフも高く上がり、ネガティブだった時期は、グラフが低く下がるように描く。

次に、グラフが山の頂上の時期と、および谷間のいちばん下の時期に、どんな出来事があったか、また、そのときの感情に影響を与えたものは何か、を書き込んでもらう。

以上の作業を完成させたら、それぞれの頂上と谷間の時期に自信が増した、または自信をなくした理由を質問する。ポジティブな時期から、この先仕事をするうえで役立つ要素は見つけられないかを質問すれば、前の質問を補完する情報が入手できる。

最後に、クライアントがこのグラフの山の頂上にとどまるためには、どんな出来事が起こる必要があるかを考える。何かが見つかったなら、それは今後の成長計画に組み込むとよいだろう。

目的

クライアントのこれまでの経験や考え方を知る。特にパフォーマンスについての考え方と、トレーニング経験を探る。

準備

時間—おおよそ三十分から四十五分。
道具—紙とペン。

コーチへのアドバイス

コーチングセッションに組み込んでもいいし、事前に完成させておくのもよいだろう。

Figure:5.1
「山と谷」の記入例

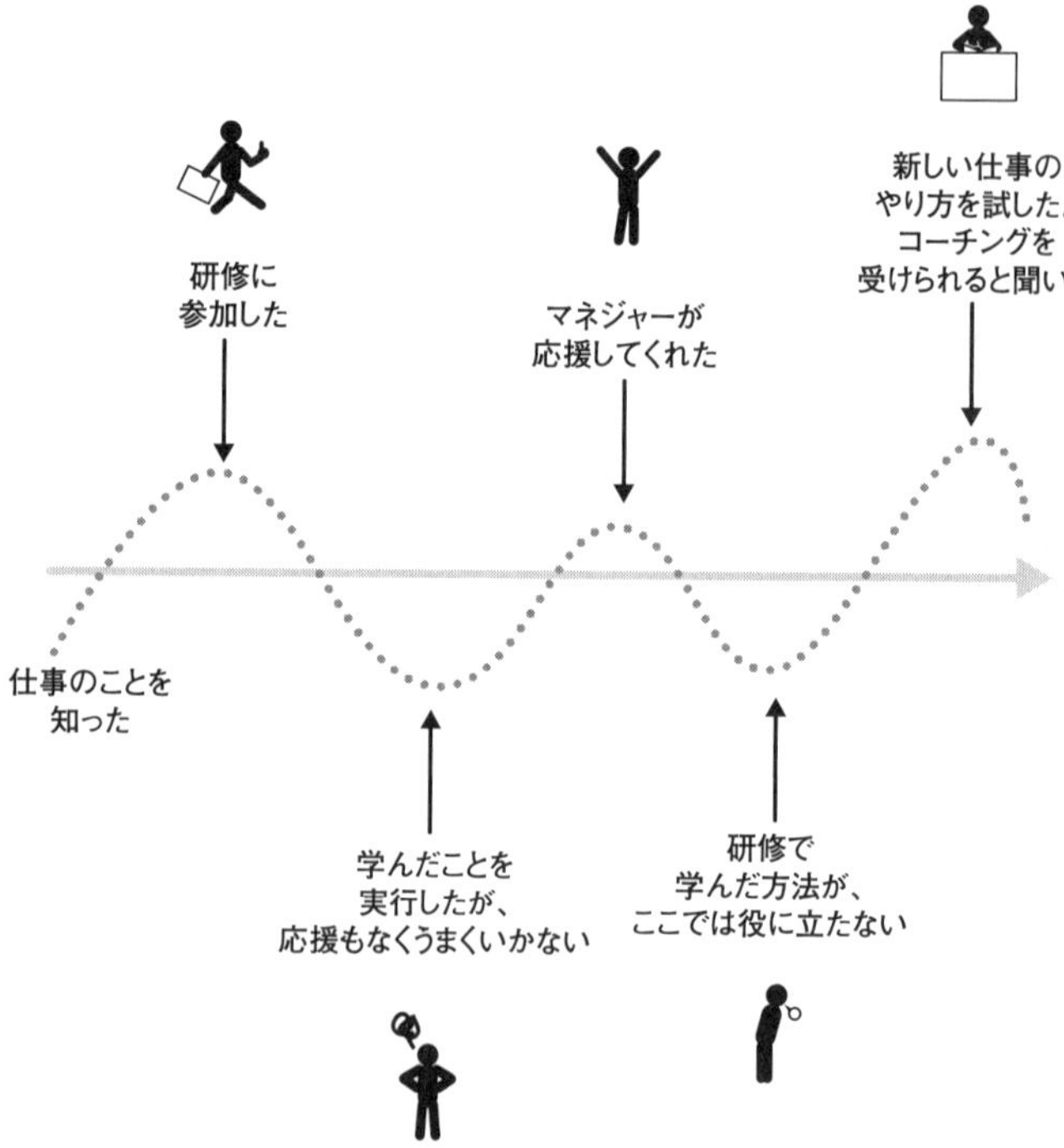
研修に
参加した
マネジャーが
応援してくれた
新しい仕事の
やり方を試した。
コーチングを
受けられると聞いた
仕事のことを
知った
学んだことを
実行したが、
応援もなくうまくいかない
研修で
学んだ方法が、
ここでは役に立たない

エクササイズ❸

スパイダーチャート（Spider charts）

スパイダーチャートは、思考を図で記録する方法だ。あるテーマに関わる情報を、すべて一枚の紙にまとめるのに非常に有効である。

紙を一枚用意する。最初に、中心テーマやアイデアを書く。続いて、それに付随するアイデアをその周りに書いていく。ブレーンストーミングをしたり、中心テーマについての情報を集めることで、アイデアを出していく。

思いつく限りのアイデアをすべて書き込んだら、似たようなアイデアを線で結んだり、同じ色で塗り分けたりする。分類の基準は他に、優先順位、重要度、影響力などにしてもいいだろう。分類の作業は、コーチングセッションの中で行ってもいい。

スパイダーチャートは、他にスプラッター・ダイアグラム、ブランチ・ダイアグラム、マインド・マッピングなどの名称がある。

Figure:5.2
スパイダーチャートの例

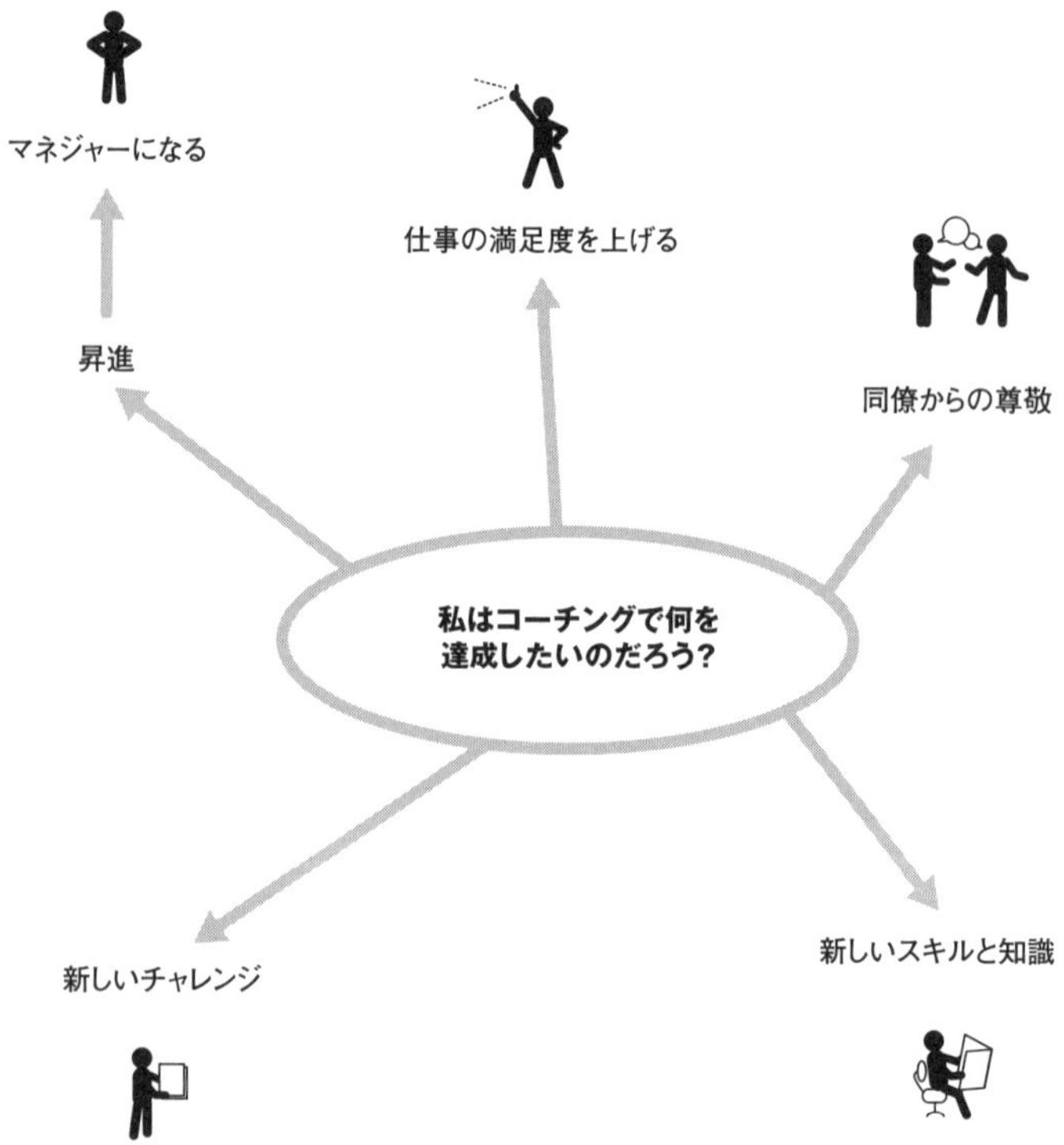
マネジャーになる
昇進
仕事の満足度を上げる
同僚からの尊敬
私はコーチングで何を
達成したいのだろう?
新しいチャレンジ
新しいスキルと知識

コーチング中に、クライアントが考えをまとめるときや、行動プランを作るときに、このスパイダーチャートで、より作業を促進できるだろう。スパイダーチャートで考える中心テーマの例は以下のとおりだ。

スパイダーチャートの中心テーマ例

- 私はコーチングによって何を達成したいのだろうか？
- 私を止めているものは何だろうか？
- どんな障害や制約があるだろうか？
- 私はどうすれば成長できるだろう？
- 私の仕事ぶりを他の人はどう思っているだろうか？
- 私の理想の……は何だろう？（理想の仕事、理想の成果など）
- 今のポジションで、仕事ができるとはどんな状態だろう？
- 読んだこと、学んだことの中から、何を覚えておきたいだろう？

スパイダーチャート上でデータを分類するには、コーチングのテーマや目的に関連づける必要がある。以下について考えてみよう。

データ分類の基準

- 内的要因と外的要因。
- 本当に存在するものと、想像の産物。
- クライアント自身によるものと、第三者によるもの。
- 実際に起きたことと、起こったかもしれないこと。
- 大好きなもの、好きなもの、嫌いではないもの、嫌いなもの。
- 自分がすでにしたこと、またはこの先するかもしれないこと。

何らかの問題について考えるときは、さらにチャートを拡大することで解決策を考えることができる。スパイダーチャートで問題を洗い出したら、それぞれの解決策をブレーンストーミングで考える。これは成長計画作成の材料になるとともに、クライアントがもっとも苦手にしていること、現在苦労していることについての貴重な情報をコーチに与えてくれる。

エクササイズ❹

力の場分析（Force field analysis）

人が変化せず、ある場所にとどまっているのは、その人に変化しようという意志がないからではない。変化しようとする力と正反対に、変化を押しとどめようとする力が働いているからだ。相対する力が均衡しているから、結果的にある場所にとどまっているのだ。

変化を起こしたいならば、まずはどんな力が働いているかを分析し、そこにある力の中から、コントロール可能な力に働きかけていけばいい。

変化を起こすためには、どの力を、どのような方法で変えるかを決めなければならない。選択肢は以下のとおりだ。

変化を起こすための四つの選択肢

- 変化への力をさらに強くする。

- 変化に対抗する力を弱くする。
- 変化のための新しい力を作る。
- 変化に対抗する力を取り去る。

分析の方法は、まず紙に横線を書き、次にその線に向かう力を矢印で書く。そして、変化しようとする力は、横線の下に、上向きの矢印で書く。変化の方向は上向きだからだ。変化に対抗するものはすべて横線の上に、下向きの矢印で表される。矢印の長さは、力の強さを表している。

これは、心理学者のカート・レヴィンが考案した方法だ。

目的

目標を達成するための方法を見つけ出す。

準備

時間―四十分から一時間。
道具―何本かの色つきのペン。紙。

コーチへのアドバイス

コーチングにおいても、このエクササイズでクライアントが望みの終着点に到達する方法を見つけることができる。必要な変化をサポートする要素、それらを阻害する要素を列挙することで、行動プランを立てることにもつなげることができる。

Figure:5.3
力の場分析の例

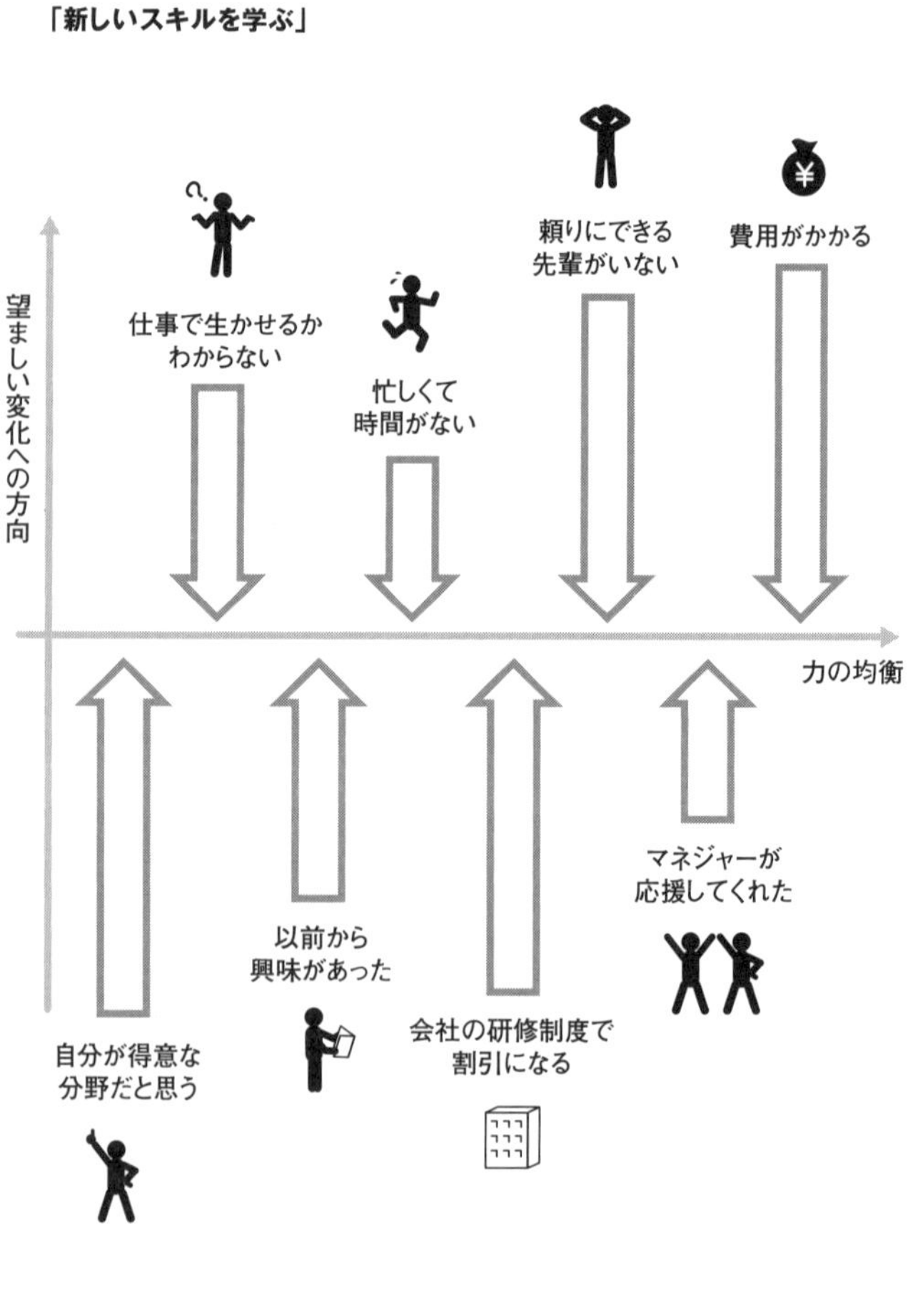
「新しいスキルを学ぶ」
望ましい変化への方向
力の均衡
仕事で生かせるか
わからない
忙しくて
時間がない
頼りにできる
先輩がいない
費用がかかる
自分が得意な
分野だと思う
以前から
興味があった
会社の研修制度で
割引になる
マネジャーが
応援してくれた

エクササイズ 5

想像の旅（Guided imagery）

これは、過去を振り返ったり、未来を想像するときに使えるエクササイズだ。過去の出来事に使えば、そのときの出来事と感情、景色、音、考えたことなどを思い出し、もう一度体験することができる。その結果、過去の体験が意識の中で顕在化し、それを今度は、成長計画を立てるための基礎として使うことができる。

未来に使えば、過去を思い出すのと同じように、未来に起こるかもしれないことを思い描くことができる。そうすれば現在の状況がそれとどう違うか、どうすればその未来の姿を達成することができるかについて話し合うことができる。

まずクライアントに、目を閉じて楽な姿勢で座ってもらう。ここで静かな音楽を流すのもいい。次に、ある時間（未来か過去）の中に自分がいるのを想像するよう伝える。しばらくの間、リラ

ックスして、その時間の中での自分の姿を思い描いてもらう。ここでさらにクライアントを想像に導くために質問をする。コーチが案内人となって、クライアントを「想像の旅」に導くのだ。たとえば以下のような質問をするといい。

想像の旅への質問リスト

- あなたには何が見えますか？
- 何があなたのそばにありますか？
- 誰があなたのそばにいますか？
- それはどんな感じがするでしょうか？
- あなたはどんな格好をしていますか？
- どんな匂いがしますか？
- 目標を達成したらどんな人生が待っているでしょうか？
- 周囲の人は何と言っていますか？
- 周囲の人はあなたにどう対応しましたか？

クライアントが、大きな声ではっきり答えないこともある。その場合は相手の言ったことをメ

モしておき、後でそれについて話し合うといい。クライアントによっては「想像の旅」の間はずっと黙っていて、終わってから話したり書いたりしたいという人もいるだろう。

「想像の旅」が終わったら、現在に戻ってくるまでの時間を与え、相手が考えをまとめるまで待つ。それからコーチとクライアント二人で、「想像の旅」で見たことから何を学べるかを考えていく。

目的

実際にそこへ行くことなく、過去や未来に身をおいてみることで、成長計画の土台となる情報を集める。

準備

時間——およそ二十分から三十分。
道具——静かな音楽。歌詞のない音楽が望ましい。

コーチへのアドバイス

一般的にこのテクニックは、成功した未来を思い描くときに使われることのほうが多い。未来を「想像の旅」で見ることによって、クライアントは前向きな姿勢で、居心地のいい今の自分の快適ゾーンから抜け出す心の準備ができる。もしも、未来がネガティブな方向に向かうようなら、クライアントの変化へのモチベーションを高めることにつなげていくとよい。

中には想像するのが苦手な人もいる。視覚的でないタイプの人は、特に難しく感じるだろう。その対処法として、質問の仕方を変えて、音や感情や思考に関係する言葉を使って描写してもらうのもよいだろう。

エクササイズ❻

未完成の文（Unfinished sentences）

　このエクササイズは、コーチが提示した「完結していない文」を、クライアントが口頭で補って完結した文にするというものである。このエクササイズによって、目標達成や行動計画を成し遂げるための、クライアントのコミットメントを高めることができる。そのためにはクライアントは実感を持って真実味のある言葉で、未完の文を補完する必要がある。

「未完成の文」の例

- 私がすることは……。
- 私がしないことは……。
- 私がすべきことは……。
- 私がしてはいけないことは……。

●明日、私がまずいちばん初めにすることは……。
●私が責任を持って行うべきことは……。

目的

一連の行動に最後まで責任を持たせる。コミットメントを高める。

準備

時間―およそ十五分。
道具―不要。

コーチへのアドバイス

このエクササイズは、かなり応用範囲が広い。たとえば、クライアントの成長の状況を評価するために使うこともできる。状況に合わせて自分なりの文を考案してもらいたい。

エクササイズ 7

腕時計の位置を変える（Move your watch）

コーチングセッションの冒頭で、クライアントに腕時計をいつもと反対の腕にはめてもらう。そして十分たったら時間を訊ねる。

ほとんどの人は、反射的にいつも時計をはめているほうの腕を見るだろう。そこで、いつもと違う腕に時計をはめるのはどんな気分かを質問する。

これは「変化すること」についての話し合いのきっかけとなる。小さな変化でも大きな影響力があることの理解につながるだろう。中には、腕時計を元の腕に戻したがる人もいるかもしれない。またはまごまごしたり、落ち着かない様子を見せたりもするだろう。それらもまた、話し合いのいい題材になる。

目的

「変化」とはどんなものか、実行するのがどんなに簡単で、かつ難しいかを体験する。

準備

時間――十分から十五分。
道具――クライアントの腕時計だけでいい。

コーチへのアドバイス

このエクササイズは、とても簡単な方法で、変化に伴う落ち着かない気持ちを体験することができる。それをきっかけとして、変化によるマイナスの影響を減らす方法を考えたり、変化した新しい自分に馴染むまでには、時間がかかるかもしれないことを話し合うことができる。

エクササイズ❽ 究極の交渉フレーズ（Give it back）

クライアントの手元にあるもので、何か大切なものをコーチに渡してもらう。たとえば、腕時計、財布、車のキーなどだ。そしてクライアントに、それを取り返すように伝える。力ずくで取り返すのは禁止だ。言葉による交渉で取り返さなければならない。

コーチは「究極の交渉フレーズ」で交渉されない限り返さないと告げる。それは次のようなフレーズだ。

「……を返してもらうには、私はどうしたらいいでしょうか？」

クライアントがこのフレーズを思いつくまでのプロセスでどんな言動をとったか、それはコーチにどんな衝撃を与えたか、そしてそうした言動をとった理由はなにかについて、一緒に考えるといいだろう。

目的

交渉スキル、人を動かすスキルを磨く。自分の態度が人にどんな影響を与えるかについて考えたり、対立を解消する方法を学ぶことにもつながる。

準備

時間――およそ三十分。
道具――必要ない。

コーチへのアドバイス

たいていクライアントは「究極の交渉フレーズ」を思いつく。しかし、それまでコーチは辛抱強く待たなければならない。クライアントがこの出来事にどう対処したかをコーチングの題材にするといい。職場でのクライアントの態度と関連づけることもできるだろう。

エクササイズ❾ スキルのチェックリスト（Skills checklist）

このエクササイズの準備として、コーチはクライアントの成長に必要なスキルの一覧を作成する。それぞれのスキルについて三段階（もしくは五段階）の評価スケールを加えることで、「スキルのチェックリスト」を作成することができる。

スキルを洗い出すためには、クライアントの職種のコンピテンシーリストか、職務内容の説明書があればそれが参考になる。加えてクライアントや、クライアントの上司と話し合うのもいいだろう。各スキルの評価スケールの例としては、「1.とても有能／2.有能／3.それほど有能でない」などがある。

チェックリストができたら、それぞれのスキルについて、現在のパフォーマンスを自己評価してもらう。それぞれのスキルの自己評価が終わったら、コーチングプログラムの最優先テーマを

三つ決めてもらう。

目的

現在のパフォーマンスを評価し、スキルを磨く優先順位を決める。

準備

時間―チェックリストへの回答に約十分間、その後の話し合いにおよそ二十分間。

道具―質問表のコピー。

コーチへのアドバイス

このエクササイズは、コーチングの分析段階と評価段階の両方で有効に活用できる。コーチングの終了時に同じ質問表を用いて、進歩を評価することもできる。

エクササイズ 10

SWOT分析（SWOT analysis）

人や企業の「強み」「弱み」、および人や企業が置かれている状況の「機会」「脅威」を整理するために使われるテクニックである。

SWOTのそれぞれの文字の意味を説明すると、Sは強み（strength）で自分が得意なもののこと、Wは弱み（weakness）で苦手なもの、得意でないもの、Oは機会（opportunity）で、自分にとって有利なこと、または前に進むチャンスをくれること、Tは脅威（threat）で、自分の現在の地位や将来の計画を危険にさらすことだ。

クライアント自身のこと、およびクライアントのいる環境についてブレーンストーミングし、四つの項目に分類する。この作業をするにあたっては、クライアントは正直に自分の思考を探る必要がある。この作業が終わったら、以下の質問をする。

SWOT分析終了後にする質問

- 強みを最大限に生かし、脅威の影響を最小限にするにはどうすればいいでしょうか？
- どうすれば機会を生かすことができるでしょうか？
- 弱みを克服するために何ができるでしょうか？

目的

クライアントの成長の可能性を最大限に生かす。

準備

時間――少なくとも一時間。
道具――A３の用紙とペン。

コーチへのアドバイス

　このエクササイズは、応用範囲が広い方法である。個人の成長ニーズの見直しから、プロジェクトの分析まで幅広く活用できる。クライアントが自分のチームの行動計画を立てる場合のような、グループワークでも活用できる。

エクササイズ 11

「もし……だったら？」（'What if ...' questions）

今後の計画を決めるときに、この「もし……だったら」の質問をすることで、成長計画を実行した結果起こる可能性のあること考え、洗い出すことができる。これによって、クライアントはこれから起こることに対して心の準備ができる。

このエクササイズにはさまざまなバリエーションがある。未来の可能性を探ったり、何らかの行動の結果を検討したり、他の選択肢を洗い出すこともできる。

「もし……だったら」の質問例

- もしあなたが……と言っていたら？
- もしあなたに無限の時間（お金、体力、人材……）があったとしたら？
- もしこれから進む道にまったく障害がなかったとしたら？

●もし目標を達成するためなら、どんなことでもしていいとしたら？
●もし違う人々が周りにいるとしたら？
●もしあと数ヶ月しか生きられないとしたら？
●もし「ノー」と言われたら？
●もし「イエス」と言われたら？
●もし失敗したら？
●もし成功したら？
●もしそれが思ったほどよくなかったとしたら？
●もしチームからの反応が思わしくなかったら？
●もし聞きたくないことを言われたら？
●もし腹が立ったら？

目的

違うシナリオで起こる可能性のある出来事を考える。

準備

時間──二十五分くらいは見ておく。
道具──必要ない。

コーチへのアドバイス

このエクササイズにはさまざまなバリエーションがある。未来の可能性を探ったり、行動の結果を考えるときに使うことができる。コーチとしてのあなたの役割は、それぞれの「もし……だったら」のシナリオで、相手が可能な限り深く考えられるよう手助けをすることだ。

エクササイズ⓬

世界で最高の……（Best in the world）

ある仕事やスキルで、世界最高の能力を持っているのは誰か考える。実在の人物でもいいし、想像上の人物でもいい。その人物が仕事をしている様子を見ていると想像しながら、以下の質問を自問する。

世界最高の能力の人物を想像しているときの質問

- 何が見えますか？
- 何が聞こえますか？
- その人物はどんな行動をとっていますか？
- 人々はその人物にどう反応していますか？

こうした質問への答えは、クライアントが目標とするスキルや資質のリストを作る材料になる。

目的

クライアント自身が選んだ仕事やスキルの手本となる態度を見つける。

準備

時間――およそ十五分。
道具――不要。

コーチへのアドバイス

理想とするパフォーマンスや、望ましい行動を見つけられるようクライアントを支援する。

エクササイズ⑬ ネコと冷蔵庫（Cats and refrigerators）

ありきたりで、互いにまったく関係のない物をふたつあげ、その間にある類似性を考える。たとえば、ネコと冷蔵庫の類似性は――？

どちらにも尻尾がある（冷蔵庫の場合は電気のコード）、どちらもミルクが入っている、どちらもヒゲがある（冷蔵庫の場合はカビの生えた食品）、どちらもうなり声を上げる、どちらも白いこともある、など。

他にはたとえば、コンピューターとベッド／ハンドバッグと風呂／コップと窓――に類似性はあるだろうか？

コーチングには、このエクササイズの応用パターンが有効だ。たとえば現在のクライアントの状況と、自転車に乗ることの間にある類似性を考える。比較の対象は、雨の中を歩く、子供を抱

く、本を読む、夕飯を作る、ブランデーを飲むなど、どんな活動でもいい。

目的

右脳を鍛え、独創性を呼び覚ます。活力を高める。

準備

時間――五分から十分。
道具――不要。

コーチへのアドバイス

フォン・イークの『頭脳（あたま）を鍛える練習帳‥もっと〝柔軟な頭〟をつくる！（A Whack on the Side of the Head）』（三笠書房）を読めば、独創性を呼び覚ますアイデアがさらに見つかるだろう。

エクササイズ⑭ **進歩の評価(Evaluating progress)**

クライアントに目標リストを渡し、以下の三つの質問をする。質問表を作って、そこに答えを書き込んでもらってもいい。

目標への道のりを明らかにする質問

- 目標達成にどれくらい近づいているでしょうか?
- 目標を完全に達成するには、何をする必要があるでしょうか?
- 目標を確実に達成するために、これからどんな行動をとるつもりですか?

評価の結果を一緒に話し合い、必要なら成長計画を修正する。ここでクライアントが、自分自身の成長について上司やその他の周囲の人と話し合うよう促すのもいいだろう。

目的

目標にどれくらい近づいたかを評価する。

準備

時間―二十分から三十分。
道具―コーチングの目標のリスト、ペン、紙。

コーチへのアドバイス

コーチングセッションの前や、コーチングセッション中に行うことができる。ここで大切なのは、コーチが口を挟まず、クライアントの考えだけで評価を完成させることだ。

エクササイズ⑮

振り返りのテクニック（Review technique）

一枚の大きな紙を、縦線で三つの欄に分け、左から右に以下のような題をつける。
うまくいったこと／方法と理由／次回
二枚目の紙も同じように分ける。今度はそれぞれの欄に以下のような題をつける。
うまくいかなかったこと／方法と理由／次回
まずはブレーンストーミングで、「うまくいったこと」を探す。次に「方法と理由」の欄に移り、その行動がなぜ、どのようにうまくいったのかを考える。そして最後の欄には、「次回」も確実に成功させる方法を書く。「うまくいったこと」すべてについて、「方法と理由」「次回」の欄を埋める。
　次に、ネガティブな面を見ていく。「うまくいかなかったこと」を、ブレーンストーミングで洗い出し、同じように三つの欄を埋める。このエクササイズが終われば、次回に行うべきことの

リストができている。それをもとに成長計画を作成する。

目的

ここまでの行動やコーチングプログラム全体の進歩を評価する。

準備

時間――評価対象による。
道具――紙とペン。

コーチへのアドバイス

さまざまな評価に活用できる貴重なツールだ。コーチングプログラムの評価にも使える。コーチ自身が、コーチングセッションやプログラム全体の自己評価をするとよい。

エクササイズ⑯ 不満日記（My frustration journal）

気分が落ち込んだり腹が立ったりしたら、まずは静かに座って、思考を自由に解き放つ。そして、気持ちが落ち着いたら、今度は自分にこう訊ねる。

「私はなぜこんなに怒っているのだろうか？」

自分の心を見直して不満の本当の原因を探る。不満の原因は、恐怖なのか、不安なのか、後悔なのか、罪悪感なのか、または他の感情なのかを見極めるのだ。

クライアントには、不満日記をつけてもらうとよい。自分のネガティブな感情と、そのような感情を持つにいたった原因を分析して書き込む。コーチがコーチングセッションでこの日記を見直すときは、クライアントの態度に影響を与えていると思われる隠れたメッセージやパターンに注目する。そして、不満の原因となるものを別の形に変える方法、またはコントロールする方法

について話し合うとよいだろう。

目的

ネガティブな感情を別の形に変えるために必要な情報を手に入れる。

準備

時間――十五分から三十分。
道具――ペンと紙。

コーチへのアドバイス

これは基本的に見直しのツールである。ネガティブな思考パターンを認識し、その原因と影響を見極めるのに役に立つ。コーチングプログラムの全般にわたって有効に活用できるものだ。とくにクライアントが成長計画を実行に移そうとしているときに有効に機能するだろう。

エクササイズ

⑰ アファメーション（Affirmation）

アファメーションは「未来に対する肯定的な宣言」のことだ。自分にはできないと感じたり、落ち込むことばかり考えてしまうときに、有効な方法だ。

アファメーションのステップ

①それまでの思考をストップする。

②これから行うことについて、肯定的な宣言の言葉を考える。たとえば、「私には……できる」「私には……をする能力がある」「これはきっと最高の……になる」「私は必要なことはすべてやってきた」

③それらの言葉を三回くり返す。くり返すたびに、さらに感情と確信をこめていく。

目的

自尊心を高め、自分の能力を信じることで、ネガティブな感情や恐怖を別の形に変える。

準備

時間――およそ十分。
道具――いらない。

コーチへのアドバイス

これは「自分との対話」の一形態だ。このテクニックを教えておくと、クライアントは、不安を覚えるときや、失敗するとしか思えないときに、いつでもこのテクニックを使うことができる。

エクササイズ 18

私の強み（Personality strengths）

私たちは誰でも、性格的にいい面を持っている。しかし、そのことを時間をかけて考えることはあまりない。

このエクササイズは、簡単に自分のいい面を知ることができる方法だ。そのために大切なのは、できる限り正直に、そして客観的になることだ。長所や強みを明らかにしたら、それらの資質をどうやって身につけたのか、それらをどのように生かしているかについて、さらに掘り下げて考えていくといい。

このエクササイズには、次のページに掲載した「性格的長所・強みのリスト」を使用する。まず最初にクライアントにリストのコピーを渡し、自分に当てはまると思う言葉を○で囲んでもらう。クライアントは、自分自身をどう見ているか、自分の人格、性格、知性、人生観を振り返りながら作業を行う。当てはまると思う言葉はいくつでも選んでよい。

目的

クライアントのプラスとなる資質、性格的な強みを明らかにする。

準備

時間—およそ十分。
道具—次のページの言葉のコピー。ペン。

コーチへのアドバイス

このリストは、全方位フィードバックにも使うことができる。クライアントから、上司や同僚にリストを渡して、クライアントに当てはまると思う言葉に○をつけてもらうのだ。リストに、その強みや性格を表す事例を書き込むスペースを作っておくのもよいだろう。上司や同僚の観察結果を、クライアント自身の自己評価と比較することで、評価の客観性が深まるだろう。

性格的長所・強みのリスト

従順
冒険的
自己主張ができる
思いやりがある
元気がいい
自信がある
協力的
信頼できる
ユニーク
人に共感する
積極的
感情表現が豊か
優しい
優雅

飾らない
物事を成し遂げる
愛情深い
自己主張をする
カリスマ的
責任感がある
愛想がいい
創造的
決意が固い
活動的
人を励ます
楽しい
公正
うそがない

精力的
活発
野心的
魅力的
一緒にいて楽しい
慈悲深い
良心的
献身的
規律がある
手際がよい
活気がある
熱意がある
フレンドリー
気立てがいい

明るい
洞察力がある
知識が豊富
オープンマインド
きちんとしている
外向的
ねばり強い
几帳面
理解が早い
理解力がある
自己認識している
真面目
社交的
刺激的
才能がある
人を信用する

人を助ける
想像力がある
知性的
論理的
楽観的
規則正しい
忍耐強い
説得力がある
生産的
理性的
自信がある
誠実
自然体
たくましい
思慮深い
正直

ユーモアがある
自立的
直感的
好感が持てる
客観的
独創的
感覚が鋭い
落ち着いている
プロ意識が高い
現実的
反応がいい
敏感
熟練した
安定した
寛容な
心が温かい

エクササイズ⓳

六つの考える帽子（Six thinking hats）

思考の枠組みとなるテクニックだ。六つの帽子は、六つの思考方法を表している。それぞれの帽子を使って、一つの問題をさまざまな視点から考えていく。

エクササイズでは、クライアントにさまざまな帽子をかぶってもらう。ある色の帽子をかぶったら、その帽子の思考様式で考えることになる。このエクササイズでは、このいろいろな帽子を脱いだりかぶったりする作業がもっとも大切だ。

白い帽子の思考

「データ」をもとに考えるときに、この帽子をかぶる。ここで注目するのは、事実、数字、情報、ニーズ、ギャップだ。

赤い帽子の思考

赤い帽子をかぶると、「直感」を自由自在に働かせることができる。ここで注目するのは、自分の直感、気持ち、感情だ。事実の裏付けは必要ない。人は往々にして、そこに論理的な根拠がないと、感情や直感を議論に持ち込むのをためらうものだ。しかし赤い帽子をかぶることで、当面の問題についての感情を自由に話すことが完全に許される。

黒い帽子の思考

黒い帽子は、慎重さと判断力の帽子だ。この帽子をかぶったら「理性的」でいなければならない。他の帽子と比べて、ネガティブだとか、下位であるということはない。むしろもっとも大切な帽子である。

コーチにとっては、クライアントがコーチの目から見て適切でない、または効果的でないと思われる新しいアイデアを試したがっているときに、この種の思考法が役に立つ。

黄色い帽子の思考

この帽子をかぶるときは、「論理的かつ前向き」でなければならない。黄色い帽子は、提案された行動の結果を前向きに考えるときに活用できる。すでに起こったことの中から価値のあるも

のを見つけるときにも使える。

たとえば、この思考を使い、クライアントに何かがうまくいき、利益になると考える理由を説明してもらう。

緑の帽子の思考

これは「独創性」の帽子だ。他の方法や提案、おもしろそうなものを考えるときに使う。その主眼は、刺激と変化だ。選択肢やアイデアを考えるときに活用できる。またこのセクションで紹介した他の独創的思考法と組み合わせたりして使うこともできる。

青い帽子の思考

これは、「概観」する帽子、または「プロセス制御」の帽子だ。この帽子をかぶったときは、全体を見たうえで、今この時点で起こるべきだと考えていることを表現できるようになる。たとえば、「青い帽子をかぶって思うのは、私たちは今この時点で、もっと緑の帽子の思考をするべきだということだ」というように。

目的

物事をもっと広く考えたり、違った視点から考えたりする。

準備

時間——一時間くらい見ておく。
道具——必要ない。

コーチへのアドバイス

このエクササイズは、エドワード・デ・ボーノの著書『会議が変わる6つの帽子（Six Thinking Hats）』（翔泳社）から拝借した。ここで紹介するのは単純な概観であり、この方式を採用するなら、本を読んで勉強することをお勧めする。クライアントが「帽子を代える」のを手助けするには、それを促進するある程度のスキルが必要になるからだ。

エクササイズ 20 リフレイミング（Reframing）

「フレイム（＝枠組み）」とは、ある状況や活動、出来事、物体などを見るときの、ひとつの視点を意味している。誰もが自分なりの「フレイム」を持っていて、それをとおして世界を見ている。たとえば結婚式の当日を迎えた花嫁は、雨の天気予報に対して、畑に種をまいたばかりの農民や、水不足で困っていた水道局の人とは、かなり違った見方をするだろう。

リフレイミングとは、物事を「別の評価基準をとおして見る」ということだ。この方法を用いると、違う視点を持ち、物事の裏にある他の理由を探ることができる。その結果、感じ方や態度を変えることができる。

これはコーチングにおいてかなり有効なテクニックだ。まず初めに、クライアントの状況について説明してもらう。自分の視点から見た事実、経験している感情、考え、そして関係する人々

の反応だ。

次に、それらの考えや感情の裏にある理由について考えてもらう。ここでの目的は、自分が状況を見るときに使っているフレイムに気づいてもらうことだ。

現在のフレイムがどんなものかわかったら、今度は、他に使えそうなフレイムはあるかどうかを考えてもらう。たとえば、今の状況に不満を感じているとしたら、楽しいと思えるようになるにはどんなフレイムで見たらいいかを質問する。脅威を感じているとしたら、その中にチャンスを見つける方法を質問するといい。

目的

物事を違う視点から見る。

準備

時間――十分から一時間。問題の複雑さの度合いによって変わる。
道具――必要ない。

コーチへのアドバイス

このテクニックのより詳しい情報については、ＮＬＰに関する本で集めることができる。リフレイミングは、クライアントが難しい状況について相談に来たときに活用できる。また、「もし……だったら？」の質問や、「六つの考える帽子」と関連して使うこともできる。

エクササイズ21 質問、質問、質問（Questions）

当面の主題について、クライアントに訊ねたい質問のリストを用意する。質問は「どのように？（How）」「なぜ？（Why）」「何？（What）」などの、オープンアンサーを用いて、問題について幅広く考えさせるようにする。「どれ？（Which）」「いつ？（When）」「どこで？（Where）」「誰が？（Who）」などの質問は問題の詳細を知りたいときに用いる。「イエス」か「ノー」で答えるクローズドクエスチョンは、行動に責任を持ってもらいたいとき、または相手が言いたいことをすべて言ったかどうか確認したいときに用いるとよい。

問題に取り組んでいる場合は、「なぜ？（Why）」の質問を用いると、相手が問題の本当の原因に気づく助けになるだろう。その地点に到達したら、今度は「どのように？（How）」の質問をして、解決策について考えるのを助けることができる。

目的

主題や問題、状況について、広く深く考える。

準備

時間―質問の深さと必要な話し合いによって決まる。二十分から一時間は必要だろう。

道具―いらない。

コーチへのアドバイス

有能なコーチになるには、質問のスキルと聞くスキルが必要である。思考を喚起する質問、深く探る質問をす[illegible]、クライアントは自分のパフォーマンスを振り返り、将来向上する方法を深く考えるこ[illegible]場面で必要となる。

エクササイズ㉒ 問題解決（A problem-solving process）

当面の問題について、以下の質問をもとにじっくりと考えてもらう。

問題解決のための質問

- 具体的に何が問題なのですか？　その問題の具体的な徴候はなんですか？　その問題が存在していると、どうすればわかるのですか？　この問題は何に（誰に）、影響を与えますか？
- 問題の原因は何ですか？　原因は複数ありますか？　この問題はどこで始まりましたか？　誰が関係していますか？　何が関係していますか？
- 解決策になりそうなものは何ですか？
- 解決策は、どうすれば実際に使えるものになりますか？　解決策を選ぶ基準は何ですか？
- どの解決策を選びますか？　その理由は？

- その解決策をどのように実行に移しますか？　誰に相談する必要がありますか？　誰と一緒に行う必要がありますか？　時間はどれくらいありますか？　どんなリソースが必要になりますか？
- どうすれば解決策が有効だったとわかりますか？　どうすればこの問題解決のプロセスから何かを学ぶことができますか？

コーチとクライアントですべての質問について考えたら、行動プランを紙に書いてもらう。そして解決策を実行した成果を評価するためのミーティングの日取りを決める。

目的

体系的なプロセスにより、クライアントが経験している問題を解決する。

準備

時間――三十分から一時間半。問題の範囲や深さによって決まる。

道具――ペンと紙。

コーチへのアドバイス

このエクササイズでのコーチの役割は、案内人になって、問題解決のプロセスを完成させるのを助けることだ。相手の代わりに問題を解決することではない。

簡便化のスキルと質問のスキルがあれば、客観性を保ち、相手の頭脳を刺激して広く考えるよう促し、そして独創的な解決策を思いつく助けになることができるだろう。

エクササイズ 23 ロールプレイ（Role-play）

ロールプレイを行うには注意が必要だ。クライアントは、ロールプレイという言葉を聞くとさまざまな反応を示すだろう。おそらくその多くは、前向きな反応ではない。私たちはときに、ロールプレイという言葉の代わりに練習という言葉を使う。そのほうが相手に受け入れられやすく、脅威を与えることも少ないからだ。

しかし、ロールプレイは、とても有効な道具だ。現実の世界にいるという「危険」を冒すことなく、ある状況の中で必要なスキルを使ってみることができるからだ。

ロールプレイを使うときの指針

●コーチはクライアントの成長を助けるうえで、ロールプレイにどんなメリットがあるかを説明する。そして、この方法を使うことについてクライアントと話し合う。

●ロールプレイが終わったら、どんな感じだったか、次回はどんな違うやり方をするかを相手に質問する。ここで「見直しのテクニック」を活用するといいだろう。
●コーチが観察者に回り、他の人と一緒にロールプレイを行ってもらう場合、参加する第三者を慎重に選び、事前に事情をよく説明しておく。

〈参考文献〉

『会議が変わる６つの帽子』
エドワード・デ・ボーノ著　　川本英明訳　翔泳社　2003年

『ビジネスＥＱ：感情コンピテンスを仕事に生かす』
ダニエル・ゴールマン著　　梅津祐良訳　東洋経済新報社　2000年

『シネクティクス：創造工学への道』
Ｗ・Ｊ・Ｊ・ゴードン著　　大鹿譲、金野正訳　ラティス　1968年

『死ぬ瞬間：死とその過程について』
エリザベス・キューブラー・ロス著　　鈴木晶訳　中公文庫、他　2001年

『人間論』
カール・Ｒ・ロージァズ著　　村上正治編訳　岩崎学術出版社　1967年

『人間性の心理学：モチベーションとパーソナリティ』
Ａ・Ｈ・マズロー著　　小口忠彦訳　産業能率大学出版部　1987年

〈推薦図書〉

『頭がよくなる本』
トニー・ブザン著　　田中美樹訳　東京図書　1997年

『ビジネスＥＱ：感情コンピテンスを仕事に生かす』
ダニエル・ゴールマン著　　梅津祐良訳　東洋経済新報社　2000年

『駆け出しマネジャー　アレックス　コーチングに燃える』
マックス・ランズバーグ著　　村井章子訳　ダイヤモンド社　2004年

『ＮＬＰのすすめ：優れた生き方へ道を開く新しい心理学』
ジョセフ・オコナー、ジョン・セイモア著　　橋本敦生訳　チーム医療　1994年

『頭脳（あたま）を鍛える練習帳：もっと“柔軟な頭”をつくる！』
ロジャー・Ｖ・イーク著　　川島隆太訳　三笠書房　2005年

『はじめのコーチング：本物の「やる気」を引き出すコミュニケーションスキル』
ジョン・ウィットモア著　　清川幸美訳　ソフトバンクパブリッシング　2003年

"NLP: the new art and science of getting what you want"
Alder, H (2001), Piatkus Books, London

"How to Be an Even Better Manager"
Armstrong, M (1990), Kogan Page, London

"Assertiveness at Work: A practical guide to handling awkward situations"
Back, K and K (1999), McGraw-Hill Education, London

"Facilitation: Providing opportunities for learning"
Bentley, T (1994), McGraw-Hill, London

"Taxonomy of Educational Objectives"
Bloom, B S (1964), Longman Publishers, London

"Dealing with Difficult People"
Cava, R (1999), Piatkus Books, London

"Coaching Successfully"
Eaton, J and Johnson, R (2001), Dorling Kindersley, London

"Communicate with Confidence"
Grant, R (1993), Dorling Kindersley, London

"Psychology for Trainers"
Hardingham, A (1995), CIPD, London

"Learning and Development"
Harriosn, R (2002), CIPD, London

"Working it Out at Work: Understanding attitudes and building relationships"
Hay, J (1993), Sherwood Publishing, Watford

"Management Guide to Planning"
Keenan, K (1996), Ravette Publishing, West Sussex

"Management Guide to Understanding Behavior"
Keenan, K (1996), Ravette Publishing, West Sussex

"Mentoring and Coaching"
Matthews, S (1997), Pitman Publishing, London

"The Personal Management Handbook: How to make the most of your potential"
Mulligan, J and Human Potential Resource Group, University of Surrey (1988), Sphere, London

"The Managers as Coach and Mentor"
Parsloe, E (2001) Management Shapers series, Sheldon Press, London

"Body Language: How to read others' thoughts by their gestures"
Pease, A (1984), Sheldon Press, London

"The Complete Trainer's Toolkit"
Reay, D (1995), Kogan Page, in association with OTSU Ltd, London

"Teaching Training and Learning : A Practical Guide"
Reece, I and Walker, S (2000), Business Education Publishers, Sunderland, Tyne and Wear

"Facilitating"
Robson, M and Beary, C (1995), Gower, London

"Dear Trainer: Dealing with difficult problems in training"
Thorpe, S and Clifford, J (2000), Kogan Page, London

"The Competencies Handbook"
Whiddett, S and Hollyforde, S (2000), CIPD, London

"The Complete Guide to Coaching at Work"
Zeus, P and Skiffington, S (2001), McGraw-Hill, Australia

〈コーチングスキルに関する推薦図書〉

●分析力

"How to Be an Even Better Manager"
Armstrong, M (1990), Kogan Page, London

●アサーティブネス

"Assertiveness at Work: A practical guide to handling awkward situations"
Back, K and K (1999), McGrar-Hill Education, London

"Working it Out at Work: Understanding attitudes and building relationships"
Hay, J (1993), Sherwood Publishing, Watford

"The Personal Management Handbook: How to make the most of your potential"
Mulligan, J and Human Potential Resource Group, University of Surrey (1988), Warner Books, London

●対立の解消

"Dealing with Difficult People"
Cava, R (1999), Piatkus Books, London

"The Personal Management Handbook: How to make the most of your potential"
Mulligan, J and Human Potential Resource Group, University of Surrey (1988), Sphere, London

"Dear Trainer: Dealing with difficult problems in training"
Thorpe, S and Clifford, J (2000), Kogan Page, London

●ファシリテーション

"Facilitation: Providing opportunities for learning"
Bentley, T (1994), McGraw-Hill, London

"Facilitating"
Robson, M and Beary, C (1995), Gower, London

●影響力
『ビジネスＥＱ：感情コンピテンスを仕事に生かす』
ダニエル・ゴールマン著　梅津祐良訳　東洋経済新報社　2000年

"Agreed! : Improve your powers of influence"
Gillen, T (1999), CIPD, London

●聞く
"How to Be an Even Better Manager"
Armstrong, M (1990), Kogan Page, London

"The Personal Management Handbook: How to make the most of your potential"
Mulligan, J and Human Potential Resource Group, University of Surrey (1988), Sphere, London

●観察する
" Teaching Training and Learning :A Practical Guide "
Reece, I and Walker, S (2000), Business Education Publishers, Sunderland, Tyne and Wear

●計画する、優先順位をつける
"How to Be an Even Better Manager"
Armstrong, M (1990), Kogan Page, London

"Management Guide to Planning"
Keenan, K (1996), Ravette Publishing, West Sussex

●プレゼンテーション
"Communicate with Confidence"
Grant, R (1993) Mind Power series, Dorling Kindersley, London

●質問する
"How to Be an Even Better Manager"
Armstrong, M (1990), Kogan Page, London

●ラポールを築く
『ＮＬＰのすすめ：優れた生き方へ道を開く新しい心理学』
ジョセフ・オコナー、ジョン・セイモア著　　橋本敦生訳　チーム医療　1994年

"NLP: the new art and science of getting what you want"
Alder, H (2001), Piatkus Books, London

"Psychology for Trainers"
Hardingham, A (1995) Training Essentials sereies, CIPD, London

"Training with NLP: Skills for managers, trainers and communicators"
O'Connor, J and Seymour, J (1994), Thorsons, London

●ノンバーバルコミュニケーション
"Communicate with Confidence"
Grant, R (1993) Mind Power series, Dorling Kindersley, London

"The Personal Management Handbook: How to make the most of your potential"
Mulligan, J and Human Potential Resource Group, University of Surrey (1988), Sphere, London

『ＮＬＰのすすめ：優れた生き方へ道を開く新しい心理学』
ジョセフ・オコナー、ジョン・セイモア著　　橋本敦生訳　チーム医療　1994年

"Body Language: How to read others' thoughts by their gestures"
Pease, A (1984), Sheldon Press, London

コーチングに関する全般的なご質問は

▶日本コーチ協会

健全なコーチの育成とコーチング・スキルの発展・普及を通じて社会に貢献することを目的に設立された。
支部活動の支援、国際コーチ連盟認定コーチ申請の英訳サポートなど。

http://www.coach.or.jp
TEL　03-3237-8994

コーチング・スキルを学びたい方、個人的にコーチを雇いたい方は

▶株式会社コーチ・トゥエンティワン

1997年　米国の大手コーチ育成スクールとライセンス契約を結び日本初のプロフェッショナルビジネスコーチの養成機関として設立された。国際コーチ連盟認定プログラムである「コーチ・トレーニング・プログラム(CTP)」を提供。財団法人生涯学習開発財団の認定資格を取得することができる。
無料のコーチング・メールマガジン「WEEKLY COACH」の配信申込は下記のウェブサイトへ。

http://www.coach.co.jp
TEL　03-3237-9781

コーチングの導入を検討している企業・団体の方は

▶株式会社コーチ・エィ

30人のプロフェッショナル・コーチを要する（2005年10月現在）日本で随一の「コーチング・ファーム」。“We mine YOUR resources”「まだ触れたことのない、人と組織の資源を発掘する」ことをミッションとし、480社を越える企業に対して、管理者向けコーチング研修、エグゼクティブに対するワン・オン・ワンコーチング、風土改革、チェンジマネジメントなどのプロジェクト型コーチングを実施している。

http://www.coacha.com
TEL　03-3237-8815

コーチング選書
コーチニングマニュアル

発行日　2005年11月10日　第1刷

Author　S.ソープ＆J.クリフォード
Translator　桜田直美
Book Designer　重原　隆（装丁）
ムーブ（本文）
Illustrator　藤川孝之
Publication　株式会社ディスカヴァー・トゥエンティワン
〒102-0075　東京都千代田区三番町8-1
TEL　03-3237-8991（編集）　03-3237-8345（営業）
FAX　03-3237-8323　URL　http://www.d21.co.jp

Publisher&Editor　干場弓子
Editor　原　典宏

Promotion Group
Staff●小田孝文　中澤泰宏　片平美恵子　井筒浩　千葉潤子
長谷川雅樹　早川悦代　飯田智樹　佐藤昌幸　田中亜紀
谷口奈緒美　横山勇　鈴木隆弘　八木憲一　大薗奈穂子
大竹朝子　當摩和也
Assistant Staff●俵敬子　長土居園子　町田加奈子　丸山香織
小林里美　冨田久美子　井澤徳子　古後利佳　藤井多穂子
片瀬真由美　藤井かおり　三上尚美　阪井芙美　大橋まさみ
山中麻吏
Operation Group
Staff●吉澤道子　小嶋正美　小関勝則　八木洋子
Assistant staff●竹内恵子　望月緑　畑山祐子　熊谷芳美
高橋久美　佐久間恵理　後藤光代　杉原理恵　空閑なつか
中村亜美

Printing　大日本印刷株式会社

この本をお読みになってのご感想や今後の出版へのリクエストなど、お気軽に編集部・原まで
メールでお寄せください。アドレスはfield@21.co.jpです。